## Zu diesem Buch

Bischof Desmond Tutu hat den Friedensnobelpreis 1984 erhalten. Nach Albert Luthuli ehrt das Nobelpreis-Komitee zum zweitenmal einen schwarzen Südafrikaner mit dem Friedensnobelpreis. Stets hat sich der Bischof, seit 1978 Generalsekretär des Kirchenrats, mit seinem christlichen Glauben auch politisch für die von der Apartheidpolitik Entrechteten eingesetzt. «Wenn wir sagen, daß Religion nichts mit Politik zu tun haben soll, dann sagen wir in Wirklichkeit, daß für einen erheblichen Teil unseres menschlichen Lebens Gottes Heilige Schrift keine Bedeutung hat.» Stets haben die südafrikanischen Behörden versucht, Bischof Tutu in seiner Bewegungsfreiheit einzuschränken. Als er zum Wirtschafts-Boykott gegen Südafrika aufgerufen hatte, wurde er mit Paßentzug bestraft.

Im vorliegenden Band sind Schriften, Reden, Predigten und Stellungnahmen des streitbaren Bischofs enthalten. Sie legen Zeugnis ab vom tiefen Glauben und der christlichen Kraft Bischof Tutus. «Unser Gott macht sich etwas daraus, daß Kinder in Umsiedlungslagern verhungern, so nennt man ja wohl diese Schuttabladeplätze der Apartheid für die armseligen Opfer dieses gemeinen und bösartigen Systems, und das ist ja fast schon ein respektabler Name. Der Gott, den wir anbeten, macht sich etwas daraus, daß Menschen unter mysteriösen Umständen in Untersuchungshaft sterben. Es kümmert ihn, daß Menschen als Un-Person zu einem schattenhaften Dasein verurteilt, daß sie unter Bann gestellt werden durch willkürliche bürokratische Anklage.»

Aufgenommen in diesen Band wurde auch ein autobiographischer Text, der den schwierigen Weg des «Jungen aus der Rundhütte» bis zum weltweit geachteten christlichen Kämpfer seines Volkes nachzeichnet.

Zum Thema:

Desmond Tutu

# «Gott segne Afrika»

## Texte und Predigten des Friedensnobelpreisträgers

Aus dem Englischen
von Dieter Welz

rororo

Rowohlt

rororo aktuell – Herausgegeben von Freimut Duve

Deutsche Erstausgabe
Redaktion Gisela Albrecht

17.–20. Tausend September 1985

Veröffentlicht im Rowohlt Taschenbuch Verlag GmbH,
Reinbek bei Hamburg, Dezember 1984
Der vorliegenden deutschen Ausgabe liegt die bei Skotaville Publishers, Braamfontein / Südafrika, erschienene Originalausgabe «Hope and Suffering» zugrunde

Umschlagentwurf Werner Rebhuhn (Foto: Pressens Bild AB / dpa)
Satz: Garamond (Linotron 202), Utesch Satztechnik GmbH, Hamburg
Gesamtherstellung: Clausen & Bosse, Leck
Printed in Germany
980-ISBN 3 499 15626 1

# Inhalt

*Dieses Buch ist
Nomalizo Leah Tutu
gewidmet.*

# Vorbemerkung zur deutschen Ausgabe

Dieses Buch basiert auf dem 1983 in Johannesburg bei Skotaville erschienenen Sammelband «Desmond Mpilo Tutu: Hope and Suffering. Sermons and Speeches», herausgegeben von Mothobi Muloatse. Für die deutsche Ausgabe wurde der Band neu zusammengestellt und um die gekürzte autobiographische Notiz «Wer bin ich?», entnommen aus «Bekenntnis und Widerstand» (herausgegeben vom Evangelischen Missionswerk, Hamburg), erweitert.

Die Redaktion der deutschen Ausgabe besorgte Gisela Albrecht. Wir danken Dieter Welz von der Rhodes University, der die deutsche Übersetzung anfertigte. Er hat auch das Eingangsinterview mit Desmond Tutu, kurz nach dessen Rückkehr in Johannesburg, geführt.

Vor fast zwanzig Jahren erschien bei rororo aktuell der Band «Kap ohne Hoffnung» – inzwischen sind in der Reihe fünf weitere Bände zu Südafrika veröffentlicht worden; parallel mit diesem erscheint «Winnie Mandela: Ein Stück meiner Seele ging mit ihm» (rororo aktuell 5533).

Freimut Duve, 19. November 1984

# Vorwort

*von Mothobi Mutloatse*

*«Baba»* ist jetzt ein Autor – Pfarrer Desmond Mpilo Tutu genauer gesagt. Er ist «der Star, der wahre Held in dem Stück Hoffnung und Leiden, in Technicolor. Er ist nicht länger nur in der Vorschau, ein Demnächst in diesem Theater oder so, nein, er ist wirklich und wahrhaftig angekommen, ehrlich. Und wie! Wer's mir nicht glauben will, kann jederzeit in Pretoria nachfragen; die werden's bestimmt bestätigen. Sogar meine Oma stimmt mir zu: Der Mann ist wirklich mutig, was?»

Dieser Mann, der wirklich mutig ist, ein Waagemensch, wurde am 7. Oktober 1931 in Klerksdorp, West-Transvaal, als Sohn eines Schullehrers und dessen relativ ungebildeter Frau geboren; er erhielt seine Schulbildung an der berühmten Johannesburger Bantu-Oberschule (Madibane) in Western Native Township (1945–1950). Er trat in die Fußstapfen seines Erzeugers, als er die Lehramtsprüfung am Bantu Normal College in Pretoria (1951–1953) ablegte; im Jahre 1954 erwarb er den B. A.-Grad an der Universität von Südafrika, um wenig später schon an seiner Alma Mater zu unterrichten.

Von 1955 bis 1958 war er Lehrer an der Munsieville-Oberschule in Krugersdorp, und von 1958 bis 1960 absolvierte er seine Priesterausbildung am St. Peter's College in Rosettenville (Johannesburg). Im Dezember 1960 wurde er zum Diakon geweiht und legte im gleichen Jahr sein diakonisches Praktikum in der schwarzen Township Benoni ab. Kaum war das nächste Weihnachtsfest gekommen, da wurde aus dem Mann Tutu auch schon Pfarrer Tutu. Er hatte übrigens bereits am 2. Juli 1955 Leah Nomalizo geehelicht; sie feierten ihre Silberhochzeit im Jahre 1980.

Die Familie Tutu wohnte in den Jahren 1962 bis 1966 in Golders Green in London, und er war von 1962 bis 1965 nebenamtlich Vikar an der Kirche von St. Alban's. Er erwarb den B. A. Honours-Grad im Jahre 1965 und seinen Master Grad in Theologie im Jahre 1966 ebenfalls in London. Pfarrer Tutu wohnte in Blechingley, Surrey, wo er nebenamtlich Vikar von St. Mary's war; aber am Ende des gleichen Jahres zog die Familie Tutu wieder weiter, dieses Mal Richtung Heimat; unterwegs besuchten sie das Heilige Land. Wieder in Südafrika, gehörte er dann zum Lehrkörper des Vereinigten Theologischen Seminars *(Federal Theological Seminar)* in Alice in der Kapprovinz, bevor es von der Regierung enteignet wurde. Danach lehrte er zwei Jahre lang Theologie an der damaligen Universität von Botswana, Lesotho und Swaziland in Roma in Lesotho.

Dann erreichte ihn neuerlich ein Ruf aus England, und die Tutus zogen also wieder los. Von 1972 bis 1975 war Pfarrer Tutu zum Außerordentlichen Direktor des Theologischen Erziehungsfonds des Weltkirchenrates ernannt worden, mit Standort in Bromley (Kent). Sie wohnten in Grove Park in London, wo Pfarrer Tutu ehrenamtlich Vikar von St. Augustine war. Dann kam der Durchbruch, auf den die entrechteten Menschen Südafrikas, insbesondere die Christen, gewartet hatten: die epochemachende Ernennung des ersten schwarzen Dekans der Anglikanischen Kirche. Der Rest ist längst Geschichte:

- Wahl zum Fellow des King's College, London, im Jahre 1978
- Mai 1978, Verleihung der theologischen Ehrendoktorwürde durch das General Theological Seminary, USA
- eine weitere Ehrendoktorwürde in Zivilrecht von der Kent University, England
- noch eine Ehrendoktorwürde in Zivilrecht von der Harvard University, USA, im Jahre 1979
- Auszeichnung mit dem Prix d'Athene durch die Onassis Foundation in Griechenland im Jahre 1980
- Verleihung einer weiteren theologischen Ehrendoktorwürde durch die Aberdeen University, Schottland, im Juli 1981
- eine weitere theologische Ehrendoktorwürde durch die Ruhr-Universität, Bochum, im Jahre 1981 (bislang nicht persönlich verliehen, da die südafrikanische Regierung dem Bischof dreimal einen Reisepaß verweigert hat)
- theologische Ehrendoktorwürde von der Columbia University, USA
- Veröffentlichung eines Buches gesammelter Aufsätze und Rezensionen in den Vereinigten Staaten unter dem Titel *Crying in the Wilderness (Stimme eines Rufenden in der Wüste)*
- zweimal, 1981 und 1982, für den Friedensnobelpreis nominiert.

«Baba», wie Bischof Tutu, Vater von drei Mädchen und einem Jungen, liebevoll von seinen Mitarbeitern im Südafrikanischen Kirchenrat genannt wird, ist zweifellos ein Mensch, der Visionen hat, und ein ausgesprochen beredter dazu. Und schwarz. Und furchtlos. Kein Wunder, daß er Unterdrücker wie Unterdrückte gleichermaßen in Schrecken versetzt, denn er glaubt, daß die Wahrheit um jeden Preis ausgesprochen werden muß, selbst wenn das große persönliche Risiken birgt in einer rassistischen Gesellschaft wie der, die in unserem geliebten Land existiert. ‹Haikona, ihr seid nicht die Übermenschen, für die ihr euch haltet›, sagt er der weißen Oligarchie kühn ins Gesicht. Umgekehrt sagt er den unterdrückten schwarzen Massen: ‹Vukani! Ihr seid wahrlich nicht die Untermenschen, zu denen andere euch erklären. Glaubt derartigen Ketzereien nicht.›

Und aus genau diesem Grunde hat Baba den Unwillen der südafrikanischen Regierung und der meisten Weißen im Lande einerseits und einiger Schwarzer mit chronischer Sklavenmentalität andererseits erregt: Der Kernsatz von Babas Philosophie lautet, daß es eine Lüge ist, auch nur im entferntesten unterstellen zu wollen, den schwarzen Südafrikanern sei – und zwar überall in Südafrika – die Freiheit herzlich gleichgültig, die Gott ihnen geschenkt und die der Mensch in seiner Habsucht ihnen geraubt hat. «Dieser Mann ist wirklich mutig, was?»

Ich habe eine persönliche Schwäche für Bischof Tutu, und zwar seit dem Tage, an dem ich ihn kennenlernte und ihn für die damalige, inzwischen verbotene Zeitung *Weekend World* interviewte bei seiner Ankunft auf dem Jan Smuts-Flughafen, bevor er sein Amt als Anglikanischer Dekan von Johannesburg antrat. Statt wie üblich in der Dekanei in den vornehmen Vororten zu wohnen, zog Baba es vor, sich in Soweto der Gefahr des Erstickens an der allgemeinen Luftverschmutzung auszusetzen. Ein wahrer Mann des Volkes, wie man so schön sagt.

Baba möchte allerdings nicht den Weg in die Politik einschlagen, wie Geistliche vom Schlage des Bischofs Muzorewa oder des Erzbischofs Makarios es getan haben, hauptsächlich wohl, weil er zu offen, zu direkt und zu ehrlich ist für die korrupte Welt der Politik. Für Baba ist Korruption, sei sie moralischer oder sonstiger Art, ein Krebsgeschwür, das hier und jetzt behandelt werden muß. Und auszumerzen ist... Politik hingegen lebt von Lug und Trug, Täuschung, Verstellung, Doppelzüngigkeit und unverhohlener Arroganz. Zum Glück ist sich Baba dessen voll und ganz bewußt, Gott sei Dank dafür.

Als ich zum erstenmal auf Babas unvergleichlichen offenen Brief an den früheren Premierminister von Südafrika stieß, wußte ich sofort, daß ich diesen Brief eines Tages in eine meiner Anthologien aufnehmen würde – geschehen inzwischen in *Forced Landing* (Notlandung) 1979 –, und daß ich späterhin einen Schritt weitergehen und einige seiner bedeutendsten Predigten und Reden zu einem Buch zusammenstellen würde. So kam es zu *Hoffnung und Leiden*. Das nur für den Anfang. Als nächstes wäre der persönliche Briefwechsel zwischen Baba und Menschen aus allen Schichten, aus dem In- und Ausland, an der Reihe.

An dieser Stelle möchte ich allen danken, die dieses Buch möglich gemacht haben: den ungenannten Heldinnen in Bischof Tutus Büro, Frau Thembi Sekgapane und Frau Elizabeth Storey; dem «literarischen Agenten» des Bischofs, Dan Vaughan, der Setzerei Typesetting Services (Wessel Ebersohn und Familie) für ihre Geduld und ihr Verständnis und nicht zuletzt meiner Familie für ihre Nachsicht gegenüber meinen Launen und Stimmungstiefs während der Entstehung und der endlichen Fertigstellung dieses Buches; und auch Hochwürden Buti Tlhagale für sein eindringliches Porträt des Bischofs.

Abschließend möchte ich Baba Tutu persönlich dafür Dank sagen, daß er mir gestattet hat, den ersten seiner vielen fünften Jahrestage als Generalsekretär des Südafrikanischen Kirchenrats mit *Hope and Suffering*, wie sich versteht, festlich zu begehen. *Le ka moso*, Baba – mit deinem Segen, Vater.

Auf dem Weg zur Freiheit

N. S. Ja, Oma, dieser Tutu ist wirklich mutig, was?

WELCOME
BABA

# Der Nobelpreisträger

# Frieden in Südafrika

*Ein Interview, das Dieter Welz mit Bischof Tutu am 19. Oktober 1984 im Khotso-Haus in Johannesburg führte*

WELZ Der diesjährige Friedensnobelpreis ist Bischof Desmond Tutu zuerkannt worden. Bischof Tutu, Sie waren gerade in den Vereinigten Staaten, als diese Nachricht eintraf. Sie sind erst vorgestern nach Südafrika zurückgekehrt. Seither gehen aus der ganzen Welt Glückwünsche und Grußbotschaften bei Ihnen ein. Die weiße Regierung Südafrikas scheint allerdings nicht zu denen zu zählen, die Ihnen anläßlich dieses Ereignisses ihre guten Wünsche übermitteln. Sie glänzt vielmehr durch Abwesenheit. Warum sollte sie ausgerechnet den Verdiensten eines Mannes ihre Anerkennung versagen wollen, der weltweit als ein Mann des Friedens gerühmt wird?

TUTU Die südafrikanische Regierung verhält sich meines Erachtens ähnlich, wie sich die polnische Regierung verhalten hat, als im vorigen Jahr Herr Lech Walesa gewählt, auserkoren wurde. Diese Preisverleihung besagt, daß diejenigen, die gegen Apartheid sind, denen gleichzustellen sind, die gegen Kommunismus sind. Und die südafrikanische Regierung unterstreicht lediglich die engen Parallelen, die sich zwischen Apartheid und kommunistischen Staaten ziehen lassen.

WELZ Frieden in Südafrika: Herr Bischof, was muß und was kann Ihrer Meinung nach hier und jetzt geschehen, um einen dauerhaften inneren Frieden zu gewährleisten?

TUTU Wir werden niemals Frieden haben in diesem Lande, solange die Apartheid nicht abgeschafft ist. Es gibt lediglich zwei Wege, auf denen die Abschaffung der Apartheid zu erreichen ist. Das eine ist der Weg der Gewalt und des bewaffneten Aufstandes, und das ist eine Option, die wir zu vermeiden trachten. Als andere Möglichkeit bietet sich der Verhandlungsweg an, das Gespräch, die Konferenz. Aber ich bezweifele, daß die südafrikanische Regierung sich jemals freiwillig an den Verhandlungstisch setzen wird; und aus diesem Grunde habe ich die internationale Gemeinschaft ersucht, uns behilflich zu sein, indem sie auf die südafrikanische Regierung Druck ausübt – politischen Druck, diplomatischen Druck, aber vor allem wirtschaftlichen Druck. Das sind friedliche Druckmittel, und nach meiner Ansicht besteht in ihrer Anwendung unsere letzte Chance. Falls wir damit scheitern, werden wir ein Blutbad erleben, und das möchten wir verhindern. Wir möchten ein neuartiges Südafrika sehen, ein Südafrika, in dem es auf jeden einzelnen Menschen ankommt, ob schwarz oder weiß, da alle von uns nach dem Ebenbilde Gottes geschaffen worden sind.

WELZ Herr Bischof, Sie haben gesagt, daß es einen Umschwung geben wird und geben muß – und daß er einigermaßen friedlich erfolgen sollte.

TUTU Mit ‹einigermaßen friedlich› meine ich, das Maß an Gewaltanwendung zu verringern, das Ausmaß des Todes, die Anzahl der Toten, die Zerstörung von Eigentum auf das geringstmögliche Minimum zu beschränken. Wir können nicht länger von friedlich in einem absoluten Sinne sprechen, denn man weiß von den Verlusten an Menschenleben, die wir auch nach 1976 in diesem Lande weiterhin erlitten haben. Und eben jetzt, zum gegenwärtigen Zeitpunkt, sind bereits mehr als 80 Menschen zu Tode gekommen, und die Unruhen dauern an. Ich versuche realistisch zu bleiben, wenn ich sage, man kann nicht länger glauben, daß es in einem absoluten Sinne friedlich zugehen wird. Mehr noch: Auch wenn unsere Leute es mit friedlichen Mitteln versuchen, mit Demonstrationen, mit Boykottmaßnahmen, mit Streiks, so hat man seitens der Behörden mit dem Einsatz von Polizeihunden, Tränengas, Schußwaffen, mit Verhaftungen geantwortet und sie sogar mit dem Tode bedroht. Mir scheint, wir sind dringend auf die Hilfe angewiesen, um die ich die internationale Gemeinschaft gebeten habe.

WELZ Bischof Tutu, was könnte oder was sollte die Außenwelt unternehmen, um die Friedensbewegung hierzulande zu unterstützen?

TUTU Unser Appell richtet sich insbesondere an die Christen, und wir sagen: Bitte, unsere Brüder und Schwestern im Herrn, betet, betet für uns alle in Südafrika, auf daß die Gnade Gottes bewirken möge, daß wir uns ändern. Helft mit, in eurem eigenen Land ein solches moralisches Klima zu schaffen, das es jeder westdeutschen Regierung unmöglich macht, weiterhin mit Rechtsbrechern und Unterdrückern zusammenzuarbeiten, mit jenen Männern und Frauen, die die Apartheidmaßnahmen durchsetzen. Drittens glaube ich, ihr solltet versuchen, euere Gesetzgeber und die Vertreter von Industrie und Handel dahingehend zu beeinflussen, daß sie willens sind, die Gegenmaßnahmen zu ergreifen, um die ich ersucht habe, und Druck auszuüben. Das ist in euerem wohlverstandenen Eigeninteresse, denn falls es in Südafrika zu einem Rassenkrieg kommt, wird das nicht nur Auswirkungen für Südafrika haben. Abschließend möchte ich noch hinzufügen, daß diejenigen, die sich für Recht und Gerechtigkeit in Südafrika einsetzen, sich in gleicher Weise um ähnliche Fragen in ihrem eigenen Land kümmern sollten.

WELZ Bischof Tutu, eine weitere Frage noch, bitte. Die Politik des Investitionsstops ist bekannlich eine umstrittene Angelegenheit. Würde eine derartige Politik, Ihrer Meinung nach, die weiße Einwanderung in dieses Land ein- oder besser: ausschließen?

TUTU Wie Sie wissen, kann ich den Investitionsstop in Südafrika nicht befürworten, ohne mich einer strafbaren Handlung schuldig zu machen. Aber ich würde sagen, daß die Druckmittel, die ich erwähnt habe, gleichfalls einschließen, daß man Menschen davon abhält, nach Südafrika auszuwandern, weil sie dort den schwarzen Menschen Arbeitsplätze wegnehmen und dadurch Fortschritte im Freiheitskampf erschweren.

WELZ Der Nobelpreis wird im Dezember in Oslo verliehen. Verfügen Sie über Papiere, um dorthin reisen zu können?

TUTU Im Augenblick besitze ich ein Reisedokument. Es ist für alle Länder gültig und verfällt am 31. Dezember. Ich bezweifle, daß die südafrikanische Regierung es annullieren wird, denn falls sie das täte, würde das lediglich unterstreichen, wie groß die Gemeinsamkeiten zwischen der südafrikanischen Apartheidregierung und dem polnischen totalitären Regime tatsächlich sind.

WELZ Vielen Dank für das Gespräch.

TUTU Ich danke Ihnen. Gott segne Sie.

# Pfarrer, Ältester und Prophet

*von Buti Tlhagale*

Desmond Tutu ist vor allem ein Pastor. Seine Amtstätigkeit erstreckt sich über die Augustinus-Kirche in Orlando West II (Mzimhlope), Soweto, hinaus, wo er Gemeindepfarrer ist. Sie reicht über die Gliedkirchen des Südafrikanischen Kirchenrates hinaus, dessen Generalsekretär er ist, und umspannt das ganze Südafrika. Sie findet weltweit Resonanz.

Desmond Tutu lehrte früher einmal Theologie am Bundesseminar *(Federal Seminary)* in Alice (1967–1969) und an der Universität von Lesotho, Botswana und Swasiland (1970–1972). Dann wurde er Außerordentlicher Direktor des Theologischen Erziehungsfonds *(Theological Education Fund)* in London (1972–1975). Er hatte das Amt des Dekans der Marienkathedrale in Johannesburg von 1975 bis 1976 inne. Im Jahre 1976 wurde er Bischof von Lesotho, um dann 1978 als Generalsekretär des Südafrikanischen Kirchenrats nach Johannesburg zurückzukehren.

Der Mann hat etwas unübersehbar Einfaches an sich trotz des Purpurgewandes, das er trägt. Wenn er zu den Township-Versammlungen erscheint, recken die Menschen die Hälse, um ihn anzustarren, und tun so, als hätten sie ihn nie zuvor gesehen. Wenn er redet, lauschen sie aufmerksam, als hätten sie ihn nie zuvor gehört. Er spricht mit Bestimmtheit. Doch seine Reden werden auch mit schallendem Gelächter von den Menschen aufgenommen, deren Mienen sich für Augenblicke aufheitern auf Kosten der weißen Herren, und er sagt klipp und klar, daß die nichts als ‹aufgeblasene Wichte› sind.

Dieser Mann besitzt einen Glauben, der Furcht verbreitet, da er die schwarzen Menschen unablässig dazu anhält, niemals daran zu zweifeln, daß sie frei sein werden. Für ihn bedeutet der Glaube an Gott eine unsichtbare Rückenstärkung. Und deshalb verweist er bei jeder Veranstaltung, an der er teilnimmt, auf die Gegenwart Gottes, indem er ein Gebet spricht, was viele desillusionierte Schwarze peinlich berührt, da sie das Christentum und seine Rituale als Helfershelfer des unterdrückerischen Systems betrachten.

Wenn er spricht, erwacht der brennende Wunsch in den Herzen der schwarzen Menschen, die Ketten der Knechtschaft zu sprengen. Unerschrocken verleiht er den Seufzern der Unterdrückten seine Stimme, während er gleichzeitig prophetisch an dem Wunschtraum der

Mehrheit festhält, indem er «die Verwirklichung einer nichtrassistichen, sondern wahrlich demokratischen Gesellschaft» fordert.

Seine Feinde warten sehnlichst auf den Tag, an dem seine Einkerkerung bekanntgegeben wird. Allerdings halten sein internationales Ansehen und die Furcht vor beispiellosen Unruhen im Lande die Regierung davon ab, drastische Schritte gegen ihn einzuleiten. Maßnahmen solcher Art könnten und würden nicht nur als Verfolgung der Person Tutus, sondern als Verfolgung der Kirche Christi aufgefaßt werden, in der er zu einem Ältesten geweiht worden ist, und als Verfolgung der schwarzen Gemeinschaft, deren Hoffnungen er in seinem unerbittlichen Kampf gegen das Apartheidsystem verkörpert. Das Schlimmste, das sie ihm antun könnten, wäre ihn zu töten. Aber die Bikos und die Aggetts sind diesen Weg gegangen. «Der Tod», erklärt der Bischof, «ist nicht das Schlimmste, was einem Christen widerfahren könnte.» Er ist sich über die Risiken im klaren, die seine Jüngerschaft begleiten.

Die zerstörte Existenz der schwarzen Menschen erfüllt den Bischof mit tiefer Sorge. Deshalb verlangt er unermüdlich ein gemeinsames Bürgerrecht, die Abschaffung der Paßgesetze, der Zwangsumsiedlungen und ein einheitliches Bildungs- und Erziehungswesen, das die Beschaffenheit der gesamten südafrikanischen Gesellschaft grundlegend ändern wird. Deshalb propagiert er einen radikalen Wandel im Bereich der Gesetze, der Traditionen und der Einstellungen der Menschen Südafrikas, um auf diese Weise ein gemeinsames Vaterland für alle, gleichgültig welcher Rasse, zu schaffen.

Auf der Suche nach einer gemeinsamen südafrikanischen Nationalität lehnt er die ethnische Vereinzelung, gleichviel ob die der Buren oder der Zulus, leidenschaftlich ab. Seine unerschütterliche Überzeugung, daß das Fundament des Apartheidsystems zerstört werden muß, hat einen Sturm politischer Entrüstung hervorgerufen. Bischof Tutu erkennt unumwunden die politische Führungsrolle derer an, die auf Robben Island oder im Exil sind, und lehnt die aufpolierte herkömmliche Häuptlingsherrschaft ab, die sich nicht der schwarzen Bevölkerung, sondern Pretoria gegenüber loyal verhält. Unerschrocken vertritt er die Sache der verbotenen Organisationen, die für einen demokratischen Einheitsstaat kämpfen, ohne sich indessen mit den Methoden einverstanden zu erklären, die sie benutzen, um das Ziel der Freiheit zu erreichen. Er hat der Kampagne für die Entlassung Mandelas *(Free Mandela)* seine volle Unterstützung gewährt, denn Mandela, eine legendäre Gestalt bereits zu Lebzeiten, bleibt das lebendige Symbol für eine andersartige politische Ordnung. Er hat die Welt aufgefordert, wirtschaftlichen Druck auf Südafrika auszuüben, sehr zum Entsetzen der weißen Bevölkerungsgruppe und jener Schwarzen, die lieber alle Demütigungen hinnehmen und die kleinen Vorteile genießen, die das System ihnen gewährt, als daß sie den Schmerz ertragen, den eine radikale Kur zur Ausmerzung der Apartheid mit sich bringt.

Als ein Ältester in jener prophetischen Institution, dem Südafrikanischen Kirchenrat, über der das Damoklesschwert bedrohlich schwebt, übt er gemeinsam mit seinen Mitarbeitern ein öffentliches Hirtenamt aus, indem er die Familien der Inhaftierten unterstützt, indem er den Familien derer, die den Angriffen der südafrikanischen Wehrmacht (SADF) zum Opfer gefallen sind, geistlichen Trost spendet, indem er um Gnade für jene bittet, die die Freiheit gewaltsam zu erringen suchten.

Der Bischof hat stets das öffentliche Hirtenamt in der schwarzen Gemeinschaft als vordringlich angesehen, in der Polizeischikanen und Einschüchterungen aller Art an der Tagesordnung sind. Diese bedrükkende Atmosphäre hat die Menschen gezwungen, über ihren Kummer nur heimlich zu klagen, weil sie Angst haben, ihren Unwillen oder ihren Haß öffentlich zu äußern. Der Bischof hat beharrlich versucht, das Recht der schwarzen Menschen auf Gehör geltend zu machen, indem er Gedenkgottesdienste für Opfer der Apartheid abgehalten oder daran teilgenommen hat oder zu deren Begräbnissen gegangen ist. Diese öffentlichen Versammlungen, unter den wachsamen Augen der allgegenwärtigen Staatssicherheitspolizei, sind Ausdruck der Solidarität unter den Unterdrückten. Bei diesen Zusammenkünften beschwört der charismatische Bischof das herauf, was J. B. Metz «gefährliche Erinnerungen» an die Untaten, die an schwarzen Menschen verübt worden sind, nennen würde. Tutus öffentliches Hirtenamt stellt einfach ein Bollwerk moralischer Kraft dar. Er gibt den Schwachen und Furchtsamen Stärke, denn er gemahnt sie an ihre kollektive Verantwortung dafür, die Ketten der Unterdrückung abzuschütteln. Das ist das einzige, was sie zu verlieren haben. Seit das Land enteignet worden ist und die ursprünglichen Erben des Landes um das Stück Erde gebracht wurden, das ihnen Sicherheit, Lebensunterhalt, Selbständigkeit und Existenz bot, gibt es nicht mehr viel zu verlieren, und es bleibt fast nichts als Widerstand gegen die Unterdrückung, notfalls unter Einsatz des Lebens. Das ist die «subversive Erinnerung», die der Bischof wachruft. Er erinnert die schwarzen Menschen nicht allein an die unwiderrufliche Gabe der Freiheit, die sie einst besaßen, an die Tatsache, daß sie nach dem Ebenbilde Gottes geschaffen wurden und deshalb nicht die Bevölkerungserfassungsstelle *(Population Registration Office)* zwecks Gutheißung aufsuchen müssen, die mit Angehörigen der weißen Unterdrückerschicht besetzt sind; er erinnert die schwarzen Menschen nicht allein an ihre Tradition des Widerstands, der viele aus den Reihen der Unterdrückten das Leben kostete oder sie zu Krüppeln machte, sondern er beschwört auch die Vision des sicheren Sieges über die Mächte der Unterdrückung herauf und sagt, daß diese unsere Unterdrücker als «Strandgut der Geschichte» enden werden, «da der Erlösergott des Exodus immer auf der Seite des Schwächeren ist».

Für die große Mehrheit der schwarzen Menschen steht Bischof Tutu in der großen Tradition der Toten Albert Luthuli und Robert Sobukwe, des eingesperrten Nelson Mandela und anderer mehr. Diese bedeutenden Männer standen und stehen weiterhin für die nationalen Hoffnungen der schwarzen Bevölkerung.

Es gibt also eine kontinuierliche Verbindung zwischen dem, was der Bischof und die mundtot gemachten schwarzen Führer repräsentieren. Das Ziel ist das gleiche. Aber Tutu besteht darauf, daß er kein Politiker ist, obwohl er sich ernsthaft in politischen Fragen engagiert. Sein Engagement erkennt jedoch die «ketzerische Dichotomie» (*Ecunews*, Bd. 3, 19. Februar 1982) zwischen Religion und Politik nicht an. Er ist kein Politiker in dem Sinne, daß sein Engagement lediglich praktische politische Reformen bewirken soll. Sein Engagement zielt ab auf eine veränderte moralische Ordnung, die über radikale politische Veränderungen hinausgeht, wennschon es diese auch anstrebt. Das Apartheidsystem muß abgeschafft werden, aber nicht bloß ersetzt werden durch eine politische Ordnung, die von einer schwarzen Mehrheit bestimmt wird, sondern durch eine neue Ordnung, die sich auf Gerechtigkeit gründet. Die Mittel, mit denen dieser radikale Umschwung herbeigeführt wird, müssen «einigermaßen friedlich sein» *(Der Wille Gottes)*.

Mit dieser Ansicht erweist sich der Bischof als ein Moralist, der sich ebenso grundsätzlich von der politischen Führung unterscheidet, die den Status quo mittels institutionalisierter Gewalt verteidigt, wie von der, die mit gewaltsamen Mitteln den Umsturz des gegenwärtigen ungerechten Apartheidregimes betreibt. Tutus Standpunkt gemahnt an den Standpunkt, den Martin Luther King jr. vertrat und der ihn das Leben kostete.

So mancher radikale Schwarze verübelt dem Bischof diese beunruhigende moralische Grundhaltung. Die tiefen Narben, die Jahrzehnte der Ausbeutung und des blanken Terrors hinterlassen haben, haben das moralische Empfinden der schwarzen Bevölkerungsgruppe abgestumpft; daher der Glaube, daß Gewalt das einzig brauchbare Mittel sei, um die Freiheit zu erlangen. Aber das hat den Bischof keineswegs in seiner Befürwortung friedlicher Mittel beirren können. Er ist fest davon überzeugt, daß er von Gott dazu ausersehen ist, Gerechtigkeit in der Gesellschaft zu predigen und aktiv zu fördern.

> «Was mich selbst anbetrifft, so möchte ich feststellen, daß die Regierung nichts tun kann, um mich daran zu hindern, mich dort zu betätigen, wo Gott, wie ich glaube, es von mir erwartet. Ich tue das nicht, weil es mir gefällt. Ich tue es, weil ich, wie ich glaube, ein Werkzeug in der Hand Gottes bin... Ich kann nicht anders, wenn ich Unrecht bemerke. Ich kann dazu nicht schweigen...» *(Der Wille Gottes).*

Darin besteht der entscheidende Unterschied zwischen der moralischen Führung Tutus und der politischen Führung seiner Weggenossen auf dem steinigen Weg zur Freiheit.

Das Engagement des Bischofs für die Gerechtigkeit hat ihn dazu gebracht, die Exkommunikation derer zu fordern, die Apartheid praktizieren (*Ecunews* Bd. 8, 15. Mai 1981). Niemand ist mutig genug gewesen, das in die Praxis umzusetzen. Aber es hat bei den Mitgliedern der liberalen weißen Kirchen ein Gefühl des Unbehagens zurückgelassen.

Tutu befürwortet und fördert den zivilen Ungehorsam. Entsprechend gewährten unter seiner Federführung der Südafrikanische Kirchenrat und andere Organisationen den 2000 Leuten von Nyanga finanzielle Unterstützung, damit sie sich ihrer Ausweisung widersetzen und in die östliche Kapprovinz zurückkehren konnten (*Star*, 7. Januar 1982). Er führte den Protestmarsch einer Gruppe Geistlicher an, der sich gegen die Inhaftierung eines Amtsbruders richtete, und setzte sich damit über das Gesetz gegen aufrührerische Versammlungen *(The Riotous Assemblies Act)* hinweg (*Star*, 23. Oktober 1981). Seine wiederholten Aufrufe zu wirtschaftlichen Sanktionen gegen Südafrika haben die Regierung veranlaßt, ihm verschiedentlich das Recht auf Auslandsreisen zu entziehen, aus Furcht, er werde das rassistische Regime weiterhin durch Enthüllungen über die Übel der Apartheid in Verlegenheit bringen. Diese Maßnahme hat sein Engagement für die Gerechtigkeit nicht im geringsten erschüttert. Er war nicht nur den Weißen, die aus der Apartheid Nutzen ziehen, weiterhin ein Stachel im Fleisch, sondern hat auch jene Schwarzen in Unruhe versetzt, die von dem System vereinnahmt worden sind, damit sie die «Dreckarbeit» der Durchsetzung der Apartheid verrichten, und hat jene Schwarzen, die sich an der Militarisierung des Landes beteiligen, gewarnt, daß man sie als Verräter ansehen wird. Anstatt den Mythos von der Einigkeit innerhalb der schwarzen Bevölkerungsgruppe weiterzutragen, hat er tatsächlich die Widersprüche aufgedeckt, die dieser Gemeinschaft zu schaffen machen. Falls es überhaupt Einheit geben soll, dann muß sie auf der Gerechtigkeit beruhen, als dem sie gründenden Wert.

Tutus Dilemma bezüglich der Einheit endet nicht an der Schwelle des schwarzen Haushalts. Es erstreckt sich auch auf die Weißen. Er steht an der Spitze der größten ökumenischen Organisation in Südafrika. Sein unermüdlich geführter Dialog mit Angehörigen der weißen Herrenschicht bezeugt sein Engagement für die Einheit mehr als genug *(Der Wille Gottes)*. Dieses Engagement seitens des Bischofs veranlaßt die glühenden Befürworter des Schwarzen Bewußtseins *(Black Consciousness)*, die Rolle gemäßigter Führer in Frage zu stellen. So mancher junge Schwarze verliert die Geduld mit Leuten vom Schlage des Bischofs, die sich so weit um die Frage der Einheit bemühen, daß sie ihre Glaubwürdigkeit aufs Spiel setzen. Vielleicht erreicht dieser Dialog gar sein Ziel, so daß die, die mutig genug sind, den Schleier des Selbstbetrugs zu zerreißen, in ihrer eigenen weißen Gemeinschaft wie ein «Dornbusch» oder wie eine «Dornenhecke» sein können. Die Risiken sind groß. Aber Tutu hält daran fest, daß sein Mandat ein biblisches ist *(Der Wille Gottes)*. Und deshalb spricht er sogar zu dem Pharao selbst, indem er unerschrocken dem Vorbild Moses aus dem Stamme Levi nacheifert. Aber der Bischof weiß bestimmt, daß die heutigen Pharaos wie die Pharaos früherer Zeiten nicht nachgeben werden, bis die gnadenlose Hand der Gewalt sie ereilt.

Aus alldem folgt, daß Glaubensangelegenheiten für den Bischof nicht einfach auf eine «rein geistliche Mission» beschränkt werden können. Der Glaube sollte auf die gesellschaftspolitischen Strukturen einwirken, die den schwarzen Menschen die Rolle der Unterdrückten aufzwingen. Christliches Engagement impliziert also nicht nur kritisches Nachdenken über die Grundstrukturen von Ungerechtigkeit in Südafrika im Lichte der Glaubenserfahrung, sondern auch aktive Mitwirkung an der Realisierung des Traums von einer gerechten Gesellschaft. Für Tutu ist die Bibel das «revolutionärste Buch» überhaupt. Es ist nicht toter Buchstabe, sondern lebendiges Wort. Es gewinnt Macht über die Gläubigen, indem es sie aufruft, die Geschichte zu verändern. Demnach ereignet sich Tutus Theologie notwendigerweise innerhalb des Glaubenshorizontes.

Der Bischof deutet also voraus auf die Kirche der Zukunft, auf eine Kirche, die ihre dogmatischen konfessionellen Differenzen beigelegt hat, die nicht weniger irreführend sind als die ethnischen Unterschiede, die das Apartheidsystem betont. Er ist das Symbol für die Kirche, die sich Gerechtigkeit und die Erhöhung der Erniedrigten angelegen sein läßt. Wenn die Kirche den Aufbau von authentischer, fürsorglicher menschlicher Gemeinschaft bewirken will, muß sie sich von ihren zahlreichen theologischen Gremien trennen und sogar einige ihrer traditionellen Bindungen aufgeben. Das Engagement des Bischofs Tutu und vieler anderer ist bezeichnend für eine bedeutsame Abkehr von dem traditionellen Hirtenamt. Freiheit muß eine Realität werden unter den Unterdrückten.

# Wer bin ich?

## *Eine autobiographische Notiz*

Herr Vorsitzender und Mitglieder der Kommission, ich hatte das Vorrecht, in einer christlichen Familie geboren zu werden. Der Vater meines Vaters war Pfarrer der Äthiopischen Kirche von Südafrika und hat ein oder zwei ihrer Kirchenlieder geschrieben. Mein verstorbener Vater war Leiter der methodistischen Grundschule in Klerksdorp, wo ich geboren bin. Ich bin auch in der methodistischen Kirche getauft worden. Mein Vater Zachariah, ein recht stolzer Abkömmling der Fingos, heiratete unerklärlicherweise eine Motswana, meine Mutter Aletha Matlhare, die noch am Leben ist und deren Schulbildung nicht weit über den Grundschulabschluß hinausgeht. Von früh an haben wir sowohl Xhosa als auch Tswana zu sprechen gelernt (denn als Kinder hatten wir, meine beiden Schwestern und ich, Umgang mit Kuku, unserer Großmutter mütterlicherseits). War ich nun Xhosa oder Motswana? Später erkannten wir, daß wir *Afrikaner* sind und nicht Mitglieder dieses oder jenes Stammes. Daher mein starker Abscheu gegenüber Stammesdenken, besonders gegenüber jenem, das eine rassistische Regierung uns aufzwingt, die darauf aus ist, uns zu trennen und zu beherrschen. Übrigens war ich als Kind sehr schwer krank. Die Krankheit führte dazu, daß ich Linkshänder wurde. Meine rechte Hand ist halb gelähmt. Aus diesem Grunde reibe ich oft meine Hände aneinander, und nicht weil ich notwendigerweise ängstlich und aufgeregt bin, wie das südafrikanische Fernsehen anscheinend pathetisch schließen zu können meinte.

Mein Vater wurde dann nach Ventersdorp versetzt, wo ich Afrikaans sprechen lernte. Die Schwarzen in der Township sprachen entweder Setswana oder Afrikaans. Xhosa sprachen wir nur zu Hause. Ich fuhr regelmäßig mit dem Fahrrad in die Stadt, um meinem Vater seinen *Star* oder seine *Rand Daily Mail* zu kaufen. Ich erinnere noch, als wenn es gestern wäre, wie ich dabei oftmals zwischen den weißen Jungen Spießruten laufen mußte, während sie mich verspotteten und auslachten, indem sie mich «Picke» schimpften (calling me «Pik»). Wenn ich mich in sicherem Abstand befand, schlug ich zurück und rief: «du Spaten», im Glauben, daß sie die Gartengeräte gemeint hatten. Erst später merkte ich, daß sie in Wirklichkeit sagten: «Pik swart» – «pechschwarz». Ich hatte auch gute Erfahrungen mit Weißen in Ventersdorp. So hatte ich zum Beispiel in dem einzigen Café der Stadt einen griechischen Freund, der mir immer Süßigkeiten gab, wenn ich bei ihm einkaufte. Wenn ich jetzt mit dieser Entfernung darauf zurückblicke, erkenne ich, wie unglaublich es scheint, daß ich den *Star* oder die *Rand Daily Mail* auf dem Bürgersteig ausbreiten und mich zum Lesen hinknien konnte, ohne daß dabei irgend jemand über die Zeitung lief oder mich anrempelte.

In der Schule meines Vaters waren wir eine recht bunte Mischung. Dort waren Afrikaner, sogenannte Mischlinge und Inder (letztere lebten in der Stadt), und niemand hielt das für eine gefährliche oder explosive Zusammensetzung. Auch meinte keiner, daß Inder und Weiße nicht dicht beisammen leben könnten. Der Himmel schien deshalb nicht einzustürzen. Ich weiß noch, wie wir Bengel der Township gewöhnlich zu der Seite rannten, wo die Straße vorbeiführte, um aufgeregt den Truppen (hauptsächlich Weiße) zuzuwinken, die zum «Norden hinauf» zogen. Wir liebten es, Soldaten zu spielen, und man war sehr stolz, wenn jemand aus der Familie die Uniform anhatte. Mein eigener Onkel war Feldwebel in der südafrikanischen Armee. Es machte uns anscheinend nichts aus, daß schwarze Soldaten Speere tragen mußten, um sich der Schlagkraft von Rommels Wüstenratten entgegenzustellen. Erst später erfuhren wir, daß viele Weiße und besonders ihre Kirchen den Kriegsanstrengungen von Smuts ablehnend gegenüberstanden. Heute sind die Rollen vertauscht. Die meisten Schwarzen sehen einen schwarzen Soldaten als einen Verräter am Befreiungskampf an. Der Afrikaander (der Bure) *sollte* einen solchen Standpunkt verstehen.

Wir verließen Ventersdorp, nachdem wir dem Beispiel meiner ältesten Schwester gefolgt und zunächst der AME-Kirche und dann der Anglikanischen Kirche beigetreten waren, wo ich einen schwarzen Priester, Zachariah Sekgapane, niemals vergessen werde. Ich erinnere noch: Wenn wir, als wir noch kleine Jungs waren, ihm auf eine Außenstation gefolgt sind, hat er sich niemals zu Tisch gesetzt in der Kirche, ohne sich erst zu vergewissern, daß wir zu essen bekommen hatten. Niemals habe ich dieses Beispiel vorbildlicher Fürsorge vergessen, die doch wirklich unbedeutenden Wesen geleistet wurde.

Eines Tages in den frühen vierziger Jahren erlebte ich eine wirklich bemerkenswerte Szene – ein weißer Mann nahm seinen großen schwarzen Hut vor meiner Mutter ab, einer verhältnismäßig wenig gebildeten Hausangestellten. Das war für mich ein unvergeßliches Erlebnis. Später entdeckte ich, daß dieser weiße Mann Trevor Huddleston war, über den ich später noch mehr erzählen werde. Wir zogen um nach Munsieville, der schwarzen Township in Krugersdorp, wo mein Vater nun Leiter einer anglikanischen Grundschule war. Wir wohnten in einem städtischen Haus mit drei Räumen, ohne Elektrizität, aber mit einem Badezimmer mit Toilette und fließend Wasser. Mein Schlafzimmer diente zugleich als unser Wohn- und Eßzimmer. In dieser Beengtheit war unser Leben ganz typisch. Das war 1945. Die Straße vor unserem Haus mit ihren herausragenden Gesteinsbrocken war es nicht wert, eine Straße genannt zu werden. Übrigens: Dr. Cedric Pathudi, oberster Minister von Lebowa und damals Schulaufseher, lebte in Munsieville in seinem eigenen Haus, das nicht der Stadt gehörte. Herr Vorsitzender und Mitglieder der Kommission, heute, 1983, 38 Jahre später, ist die Straße, von der ich erzähle, immer noch im gleichen Zustand. Meine jüngere Schwester besitzt jetzt unser ehemaliges Haus. Ein Großteil von Munsieville ist jetzt zerstört, weil die Menschen weiterziehen mußten in unserer *endlosen Irrfahrt* (forever hamba). Neben Munsieville ist jetzt ein weißer Stadtteil errichtet worden. Der Kontrast zwischen den beiden Stadtteilen ist überwältigend. Mich verblüfft, wie irgend jemand auf die Idee kommen kann, daß es Agitatoren braucht, um den Zorn der Schwarzen über die Ungleichheiten der südafrikanischen Gesellschaft zu wecken. Damit wird unterstellt, daß wir so langsam im Denken seien, daß jemand uns erst erzählen muß, «Du da – du hast Zahnschmerzen», bevor ein jeder von uns plötzlich merkt, «tatsächlich, ich habe wirklich Zahnschmerzen!» Zugleich wird damit eingeräumt, daß tatsächlich eine Situation besteht, die ein Agitator ausnutzen kann. Lassen Sie ihn doch versuchen, den Menschen in Waterkloof oder Houghton zu erzählen, sie seien unterdrückt – sie würden ihn auffordern, in den See zu springen.

Ich fuhr, wie viele meiner Zeitgenossen, mit dem Zug zur Johannesburg-Bantu-Oberschule, die gemeinhin Western High (jetzt Madibane High) genannt wird und die im damaligen Western Native Township (dem heutigen Western Coloured Township) lag. In der Folgezeit wohnte ich in Sophiatown in einem Heim, das von der Gemeinschaft der Resurrection Fathers aufgebaut worden war und unter dem Vorsitz von Trevor Huddleston stand. An den Wochenenden fuhr ich meist nach Hause, nach Krugersdorp. Wenn ich montags zur Schule zurückkehren mußte, war manchmal kein Geld für mich vorhanden. Ich ging dann mit meiner Mutter zur weißen «Madame», wo sie das Waschen erledigte, um die zwei Schilling abzuholen, aus denen damals ihr Lohn bestand. Das bedeutete dann, daß sie für den Rest des Tages umsonst arbeiten mußte. Ich weiß noch, wie wir, als mein Vater eines Tages drei Monate Urlaub nahm und seine Bezahlung lange Zeit verspätet kam, kärglich mit dem Essen umgingen, da wir vollkommen abhängig waren von dem, was meine Mutter mit ihrem Waschen und Bügeln verdiente. Darin waren wir ziemlich typisch. Tatsächlich ging es uns sogar besser als den meisten anderen in unserer Gemeinschaft.

In Sophiatown war ich, ebenso wie viele meiner Zeitgenossen, fasziniert von Trevor Huddleston, einem wirklichen Christen und mitfühlenden Menschen. 1978 nahmen wir zusammen an der Lambeth-Konferenz der anglikanischen Bischöfe teil. Als ich den Menschen dort erzählte, daß ich als kleiner Junge in Sophiatown auf Trevors Knien gesessen habe, waren sie erstaunt, daß ich schon so klapprig wirkte, wo er doch so munter und etwa so alt aussah wie ich, obwohl er nahezu dreißig Jahre älter war. In Sophiatown war er voller lachender Fröhlichkeit und Fürsorge. Er gab mir das Gefühl, etwas Besonderes zu sein. Er war (und ist) ein wunderbarer Mensch, ein Weißer, der dir das Gefühl gab, daß du wichtig bist. Und er war ein überaus aufrichtiger Mensch, der am Leben seiner Gemeindemitglieder leidenschaftlich Anteil nahm. Seine weiße Soutane wurde schnell schmuddelig, weil Kinder sich so selbstverständlich zu ihm hingezogen fühlten und alle ihn anfassen und festhalten wollten, während sie immerzu schrien: «Hello fada, hello fada!» In einem Augenblick war sein Büro voller Gören, die auf dem Fußboden Murmel spielten, und im nächsten Moment war schon wieder irgendeine sehr wichtige Persönlichkeit da, ein Botschafter oder ein einflußreicher Geschäftsmann. Er wurde der erste Bischof von Stepney, der in dem Bezirk seiner Zuständigkeit auch wohnte – dem östlichen Stadtteil von London. Sein Haus erinnerte mich sehr stark an Sophiatown, denn die Gören von Crockney saßen im Haus des Bischofs in der Commercial Road vorm Fernseher.

Ich bekam Tb und lag zwanzig Monate im Krankenhaus. Das ist nicht weiter bemerkenswert. Bemerkenswert ist aber gewiß die Tatsache, daß Trevor Huddleston mich während seines Aufenthaltes in Johannesburg über zwanzig Monate hinweg einmal wöchentlich besuchte – dabei lag ich im Rietfontein-Krankenhaus, das ist ziemlich weit weg von Sophiatown. Ein kleines Mädchen aus meinem Gemeindebezirk in Soweto, die im vorigen Jahr nach einer Wirbelsäulenoperation gelähmt wurde, lag auch im Krankenhaus. Auch ich habe versucht, sie regelmäßig jeden Sonntag in Baragwanath zu besuchen. Unser ältester Sohn Trevor ist Erzbischof Huddlestons Patenkind. Über Trevor Huddlestons politische Ansichten wußte ich nicht viel. Alles, was er tat, schien aus seinen Gebeten und aus seinem Glauben zu kommen. Sein Zorn entbrannte, als Dr. Verwoerd die Zerstörung Sophiatowns und die Umsiedlung nach Soweto in die Wege leitete. Das alte Sophiatown hieß nun Triomf, ein außerordentliches Beispiel für die Gefühllosigkeit der Buren. Um noch Salz in die Wunde zu streuen, haben viele Straßen von Triomf die alten Straßennamen von Sophiatown beibehalten – Namen wie Ray Street, Meyer Street, Annondale Street usw. Wenn das nicht heißt, uns mit Füßen zu treten, so ähnelt es dem doch so stark, daß es keinen Unterschied macht. Das war das Ende einer weiteren lebendigen Gemeinschaft – eine in einer langen Reihe derjenigen, die im Namen einer zwanghaften rassistischen Ideologie vernichtet wurden.

Als ich aus dem Krankenhaus entlassen wurde, pendelte ich zwischen Krugersdorp und Westbury, um an meiner alten Schule das Abitur zu machen. Bei Kerzenlicht studierte ich in meinem alten Zimmer, das zugleich unser Wohnzimmer und Eßzimmer war, für das JMB (Joint Matriculation Board – Anm. d. Übers.). Daran war nichts Ungewöhnliches. Ich wollte unbedingt Arzt werden, weil ich die kühne Hoffnung in mir trug, Forschungsarbeit an Tb zu leisten. Ich bestand es mit guten bis durchschnittlichen Leistungen und erhielt einen Studienplatz an der Medizinischen Hochschule von Wits (Witwatersrand-Universität – Anm. d. Übers.), konnte aber kein Stipendium bekommen und besuchte daher ein staatliches College am Rande von Pretoria – das Pretoria Bantu Normal College, eine der ersten Einrichtungen der Bantu-Erziehungs-Behörde.

Wir lebten in Rundhütten, um uns getreu unserer eigenen Tradition zu entwickeln, denn die üblichen rechtwinkligen Gebäude waren irgendwie schädlich für unsere Bantupsyche. Ich lud Trevor Huddleston zu einem Vortrag ein vor unserem Gesprächs- und Kulturkreis. Er kam zusammen mit einem schwarzen Priester, dem liebenswerten Canon John Tsebe, der jetzt in Atteridgeville ist. Der afrikaanse Rektor unserer Hochschule lud Pater Huddleston zum Kaffeetrinken in sein Haus ein – Pater Tsebe wurde in seinem Arbeitszimmer bewirtet, denn ihm war es nicht erlaubt, das Haus des Rektors zu betreten. Ich weiß noch, daß immer, wenn der Tod eines Weißen im Radio verkündigt wurde, meine Mitstudenten strahlten und ausriefen: «Ein Unterdrükker weniger!» – das ist mehr als 30 Jahre her. Und das waren Menschen, die als Lehrer Kinder beeinflussen würden.

Ich lehrte ein Jahr an meiner Alma Mater, Western High, und pendelte wie früher von Krugersdorp aus. Bei Kerzenlicht studierte ich – wiederum sehr typisch – und korrigierte während der Bahnfahrt die Aufsätze der Studenten.

Ich heiratete Leah Shenxane, eine Lehrerin und früher die brillanteste Schülerin meines Vaters. Sie lebte mit einem älteren Bruder in einem gemieteten Hinterhofzimmer in Munsieville, während ihre Mutter als Hausangestellte in Springs arbeitete.

Drei Jahre unterrichtete ich an der Munsieville High School, bis Bantu Education an weiterführenden Schulen eingeführt wurde. Daraufhin verließ ich Munsieville, um die Ausbildung für das anglikanische Priesteramt am St. Peter's College in Rosettenville aufzunehmen.

1960, im Jahr von Sharpeville, wurde ich in St. Mary's Cathedral zum Diakon geweiht. Ich wurde dabei allerdings nicht – wie es eigentlich hätte sein müssen – vom Bischof von Johannesburg ordiniert. Ambrose Reeves, der damalige Bischof von Johannesburg, ein schrecklicher Dorn im Auge der Obrigkeit, war schon früher im Jahr des Landes verwiesen worden, weil er auf das Grauen und die Schmach von Sharpeville hingewiesen hatte, wo die Polizei auf friedfertige Demonstranten geschossen und 69 getötet hatte, wobei viele beim Wegrennen in den Rücken geschossen wurden.

Von der St. Albans Kirche in der Benoni-Township wurde ich als Hilfspfarrer berufen. Herr Vorsitzender und Mitglieder der Kommission, meine Familie und ich wurden in einer Garage untergebracht, die als Schlafzimmer, als Kinderschlafzimmer, als Wohn- und Eßzimmer, alles in einem dienen sollte. Es gab noch einen zweiten und kleineren Raum, den wir als Küche benutzten. Ein Jahr lang war dies unser Zuhause, bis ich nach meiner Ordinierung als Prieser zur Thokoza-Township in Alberton versetzt wurde. Wir wohnten dann in einem städtischen sogenannten Streichholzschachtel-Haus mit vier Räumen. Mit diesen autobiographischen Einzelheiten habe ich versucht, der Kommission zu verdeutlichen, daß ich über viele der Entbehrungen der schwarzen Südafrikaner aus persönlicher Erfahrung spreche.

1962 flogen meine Familie und ich nach London. Ich sollte mich auf das B.D. am King's College der Londoner Universität vorbereiten. Wir hatten das Glück, die Wohnung eines Hilfspfarrers an der St. Alban's-Kirche in Golders Green zu bekommen, und zwar mietfrei; als Gegenleistung hatte ich sogenannte «Dienstbereitschaft» zu leisten, d. h. dem Vikar der Kirche geistlich zur Seite zu stehen. Es war ganz offensichtlich eine völlig andere Welt, in die wir da gekommen waren. Einmal hatten wir eine großartige Unterbringung in einem wohltuenden Stadtviertel. Es gab einen Park – ein allgegenwärtiges und erfreuliches Merkmal von London – um die nächste Straßenecke, mit zahmen Tieren, was unseren Kindern große Freude bereitete. Wir waren als Menschen angenommen, und unsere Hautfarbe spielte keine Rolle dabei. Das heißt nun nicht, daß es keine Rassendiskriminierung gab; wir wurden aber vor deren Unbilden durch die kirchliche Gemeinschaft geschützt, die uns warmherzig aufnahm. Eine außerordentliche Neuigkeit war die Erfahrung, überall hingehen zu können, ohne erst nach Schildern Ausschau zu halten, die uns sagen würden, ob es uns erlaubt oder nicht erlaubt sei, da zu sein, wo wir gerade waren. Welch eine Erholung von den Paßgesetzen. Leah und ich bummelten spät abends oder sogar in den frühen Morgenstunden beispielsweise über den Trafalgar Square, nur um die erregende Erfahrung zu machen, unsererseits einen Polizisten anzusprechen in dem getrosten Wissen, er würde uns nicht nach unserem Paßbuch fragen. Ihn nach dem Weg zu fragen, selbst wenn wir ihn kannten, nur um von einem weißen unbewaffneten Polizisten höflich mit «Sir» oder «Madam» angeredet zu werden. Davon konnten wir nie genug kriegen. Seitdem habe ich viele weiße südafrikanische Polizisten getroffen, die Vorbilder für Charme und Höflichkeit waren. Dies war aber niemals die typische Erfahrung für Schwarze in Südafrika. Ich konnte verstehen, daß in Großbritannien ein Polizist als Freund angesehen werden kann und es auch ist. Ich fürchte, kaum ein Schwarzer würde das von einem Polizisten in Südafrika behaupten.

Zum erstenmal hatte ich als festangestellter Priester weißen Menschen gedient. Ich weiß nicht, was ich erwartet hatte, aber es stellte sich heraus, daß sie *Menschen* mit den üblichen Stärken und Schwächen waren, mit den Fehlschlägen und Erfolgen ebenso wie mit den Sünden gewöhnlicher Menschen behaftet. Aber wir kamen Stück für Stück weiter, einfach durch die Tatsache, daß wir als diejenigen behandelt wurden, die wir waren. Eines Tages, als ich noch nicht lange in England war, ging ich in eine Bank und sollte als nächster in der Schlange bedient werden – die Engländer haben aus dem Schlangestehen einen Fetisch gemacht –, als ein Weißer, offensichtlich in verzweifelter Eile, bedient zu werden, hereinstürzte und sich vordrängelte. Als wohlerzogener Bantu war ich bereit, das hinzunehmen, als die Bankangestellte ihm höflich, aber bestimmt erklärte, daß *ich* an der Reihe sei. Das hat mich umgeworfen. Wenige Tage später erzählte ich ihr, wieviel mir das bedeutet hatte und daß sie jetzt mein strahlendes Leitbild sei. Sie sagte daraufhin, daß sie es für jeden getan hätte – wodurch es nur noch außergewöhnlicher wurde. Unsere Kinder, die kaum ein Wort Englisch sprachen, gingen zur Schule, wo sie einfach Kinder waren, die halt zufällig schwarz sind, und lernten Freunde kennen, die zu Geburtstagsfeiern kamen und auch sie zu sich nach Hause einluden. Und sie waren fast alle Weiße. Wir hatten bereits einige weiße Freunde in Südafrika – zu unseren besten Freunden zählen die Leslies, die wir seit 1958 kennen und die einfach zu unserer Familie dazugehören, und ich hoffe, daß wir auch zu ihnen gehören. Sie waren damals aber die Ausnahme, und so hielten wir es denn für ungewöhnlich, als wir in einer normalen Gesellschaft lebten – so weit reicht die Macht der Bedingungen. Lange Zeit war ich stets, wenn ich ein gemischtrassisches Paar Hand in Hand gehen sah, besorgt, daß der lange Arm des Gesetzes ihnen zu Leibe rücken würde. Durch die Erfahrung der Freiheit wurde ich davon erlöst. Nicht durch ein Netz von Verboten und Gesetzen, die dieses oder jenes untersagten, wurde ich im tieferen Sinne zum Menschen, sondern indem ich in einer wirklich freien Gesellschaft lebte. Wir wohnten drei Jahre in London, während ich meinen B. D. Honours-Titel an der Londoner Universität erhielt.

Wir kehrten über das Heilige Land, wo wir zwei Monate in Jerusalem verbrachten, nach Südafrika zurück. Das war wenige Wochen vor dem Sechstagekrieg, und es bestand eine unglaubliche Spannung zwischen Juden und Arabern. Ich unterrichtete dann an dem Theologischen Seminar in Alice und war anglikanischer Kaplan an der Fort Hare-Universität.

Nach zwei Jahren an der Universität wurde ich zum beigeordneten Leiter des Theologischen Bildungs-Fonds (TEF) vom Weltrat der Kirchen in Bromley, Kent, England, ernannt. Meine Familie und ich zogen wieder nach London (diesmal in das südöstliche London) und konnten unseren Kindern wieder einmal die Gelegenheit der hervorragenden englischen Bildung bieten.

Unsere vier Kinder haben den großen Vorteil gehabt, daß sie nicht verseucht worden sind von diesem pervertierten Bildungssystem, das sich «Bantu-Erziehung» nennt, und daß sie fähig waren, Selbstbewußtsein und Selbstbejahung zu entwickeln – etwas, das das Apartheidsystem zu zerstören versucht. Aus diesem Grunde liegt mir so sehr daran, daß andere Kinder eine gute Ausbildung genießen, die Schwarze gewöhnlich nur außerhalb Südafrikas erhalten; daher kommt auch mein Engagement im Bildungsausschuß, dessen Vorsitzender ich bin.

Ich bin sehr dankbar für jede dieser Auslandserfahrungen, die ich und meine Familie gemacht haben; denn durch die enge Berührung mit Menschen aus unabhängigen Ländern der Dritten Welt haben wir außerdem gelernt, das Verlangen zu haben, wir selbst zu sein, echte Schwarze und nicht Kopien anderer Personen. Wir lernten, Selbstvertrauen und Selbstbewußtsein zu entwickeln und uns nicht immer und immer wieder für unser Schwarzsein zu entschuldigen, sondern wirklich stolz darauf zu sein, daß Gott in Seiner Weisheit beschlossen hat, uns zu erschaffen. Wir haben dies nicht immer als «Schwarzes Bewußtsein» formuliert (obwohl ich glaube, daß es so etwas war). Was wir gelernt haben und worüber wir glücklich waren, war die neue Erkenntnis, daß wir stolz auf uns sein können in dem Wissen, daß wir nur unser Bestes erreichen können als die, als die wir erschaffen worden sind, und nicht, indem wir vergeblich danach streben, jemand anderes zu sein, den uns gemäßen Beitrag zum Gemeinwohl zu leisten. Dies alles war eine wertvolle Vorbereitung für das, was dann kam.

Aus heiterem Himmel heraus wurde ich 1975 gebeten, Superintendent von Johannesburg zu werden.

Ich glaubte, zurückzukommen vor allem, um Schwarzen zu erzählen, daß Gott sie liebt, daß sie von unschätzbarem Wert für ihn sind und daß sie ihr Erbe als Kinder Gottes antreten sollten; daß sie stolz auf ihr Schwarzsein sein sollten, daß sie ihr Menschsein als Schwarze bekräftigen sollten, denn nur so würden sie in der Lage sein, an einer wirklichen Versöhnung mit Weißen teilzunehmen.

Mit Erstaunen entdeckte ich, daß es oftmals die Weißen waren, denen man die Botschaft von Selbstvertrauen und Selbstbejahung erzählen muß, daß die Weißen die Verkündigung der biblischen Wahrheit der Menschenwürde noch dringender brauchen als die Schwarzen. Ich bin fest davon überzeugt, daß wir erst an dem Tage, an dem die Weißen ihren durch Protzerei verdeckten Selbstzweifel ablegen, beginnen werden, unsere zerbrochenen mitmenschlichen Beziehungen zu heilen.

Meine Frau und ich beschlossen, in Soweto zu wohnen und nicht in Lower Houghton, wo sich die Propstei befand. Wir waren entschlossen, unser Pfarramt nicht dadurch zu verraten, daß wir «Ehrenweiße» würden. Eigenartig aber war es, daß ich selbst als Superintendent eine Zuzugsgenehmigung für Johannesburg benötigte – sehr vorsichtig ausgedrückt –, weil nach Ansicht der Apartheid das Schwarzsein unser wichtigstes Merkmal war und wir als Schwarze nur mit Sondergenehmigung in der Stadt leben durften.

Es war eine großartige Erfahrung und ein Privileg, Superintendent einer vielrassischen, wenn auch vorwiegend weißen Gemeinde zu sein. Mein Amtsvorgänger hatte es fertiggebracht, die verschiedenen Rassen zusammenzubringen in unserer Gemeinde, so daß wir einen gemischtrassischen Chor hatten und auch ein gemischtrassisches Team von Kirchendienern und Gemeindehelfern. In Südafrika erlebt man oft die absurdesten Dinge. Ich besitze eine vom Innenministerium ausgestellte Lizenz als Standesbeamter und darf jedes Paar trauen, es sei denn, der Bräutigam ist Schwarzer. Das kann wahrlich nur in Südafrika vorkommen!

Als wir in Soweto lebten, wurden wir uns einer zunehmenden Spannung unter der schwarzen Bevölkerung bewußt. Während einer Meditation hat, so glaube ich, Gott mich veranlaßt, einen Brief an den damaligen Premierminister, Herrn Vorster, zu schreiben, um ihn vor der explosiven Situation zu warnen. Er tat meinen Brief als einen politischen Trick ab, angezettelt vielleicht von der offiziellen Opposition. Mein Brief war vom 6. Mai 1976 datiert. Wir alle wissen, daß am 16. Juni desselben Jahres die Hölle losbrach. Ich war inzwischen zum Bischof von Lesotho gewählt worden und zog im August 1976 dorthin. Zusammen mit anderen Bischöfen verfaßte ich Erklärungen über die traurigen Zustände in Lesotho und warnte vor dem Verstoß gegen die

Richtlinien, die das Evangelium Jesu Christi uns gesetzt hat – denn Unrecht bleibt Unrecht, wer auch immer es ausübt. Ich blieb in Kontakt mit dem, was in meiner Heimat Südafrika geschah. So wurde ich gebeten, auf der Beerdigung von Steve Biko zu predigen.

1977 wurde ich zum zweitenmal gebeten, Generalsekretär des Südafrikanischen Kirchenrates zu werden. Nach dieser zweiten Anfrage gestattete mir die bischöfliche Synode, von meinem Bistum zurückzutreten. Da ich vorher zum Mitarbeiterstab des Weltkirchenrates gehört hatte und der Südafrikanische Kirchenrat Mitglied im Weltkirchenrat war, luden meine ehemaligen Kollegen aus Genf mich zu einem Gespräch ein; sie wollten mit mir darüber sprechen, wie sie mir am besten bei meinem neuen Amt, das sie zu Recht als schwierig bezeichneten, helfen könnten. General Coetzee hat unterstellt, daß ich tatsächlich vom Weltkirchenrat Anweisungen erhalten hätte mit dem Ziel, den Südafrikanischen Kirchenrat zu manipulieren – gewissermaßen aufgrund einer finsteren Verschwörung. Das ist ein völlig abwegiger und böswilliger Verdacht, der von jemandem erhoben wird, der von abgrundtiefer Ahnungslosigkeit ist, was die Arbeitsweise der Kirche und der ökumenischen Bewegung angeht.

Ich befinde mich auf dem unbequemen Posten eines Kirchenrates, der wie jede andere Organisation – behaftet wie sie mit allen menschlichen Fehlern und Schwächen – versucht hat, dem göttlichen Befehl zu gehorchen, Christus zu dienen, indem er denen dient, die Christus damit geehrt hat, daß er sie als die Geringsten seiner Brüder bezeichnet hat. Ich hatte allen Grund, verschiedenste Gebiete unseres schönen, aber so gepeinigten Landes zu besuchen. Nie werde ich meinen Besuch in Zweledinga vergessen, einem Umsiedlungslager in der Nähe von Queenstown, wo ich ein kleines Mädchen traf, das gerade aus einer Wellblechbaracke (shack) herauskam, in der sie mit ihrer verwitweten Mutter und ihrer Schwester lebte.

Ich fragte sie: «Bekommt deine Mutter eine Rente oder sonst irgendeine Unterstützung?»

«Nein», antwortete sie.

«Wie besorgt ihr euch euer Essen?»

Sie sagte: «Wir borgen uns Essen.»

«Habt ihr denn auch schon jemals irgend etwas von dem Essen zurückgegeben, das ihr geborgt hattet?»

«Nein», antwortete sie.

«Was macht ihr, wenn ihr kein Essen borgen könnt?»

«Wir trinken Wasser, um unsere Bäuche zu füllen.»

Diese Unterhaltung hat sich in mein Gedächtnis eingebrannt. Mehr als alle anderen Schrecklichkeiten der Apartheid, die ich erlebt habe, hat dieses Gespräch mit dem Mädchen in Zweledinga meine Entschlossenheit gestärkt, alles zu tun, was in meinen Kräften steht, um einer solch bösartigen Politik Einhalt zu gebieten; diese Politik treibt Menschen in den Hungertod, und nicht etwa versehentlich, sondern durch vorsätzliche Regierungsmaßnahmen. All meine Kräfte wollte ich dafür einsetzen, dieses unnötige Leiden zu beenden. Und ich wußte, daß ich also die internationale Gemeinschaft überzeugen mußte, alle verfügbaren Druckmittel diplomatischer, politischer, vor allem aber wirtschaftlicher Art einzusetzen, um die südafrikanische Regierung an den Konferenztisch zu zwingen, bevor es zu spät wird und sich eine Spirale der Gewalt entzündet, die nicht mehr aufgehalten werden kann. Ich bin engagiert in einem Kampf um einen relativ friedlichen Wandel. Ganz bewußt sage ich «relativ» friedlich, weil schon so viel Gewalt geschehen ist – sogar nach 1976 –; ich sage «relativ», weil selbst dann, wenn Schwarze friedliche gewaltlose Mittel anwenden, sie damit beim Staat so unerhörte Unnachgiebigkeit und derart schlimme Gewalt hervorrufen: Tränengas, Schüsse, Polizeihunde, Einzelhaft.

Ich habe erklärt, daß ich an Verhandlungen und an Dialog glaube. Mein Ziel, zu einem friedlichen Wandel in Südafrika beizutragen, habe ich befolgt, indem ich an fast allen weißen Universitäten des Landes gesprochen habe. Die einzige weiße Universität, die ich nicht besuchte, war die Universität von Port Elizabeth. Sogar an der Universität von Oranje-Freistaat habe ich gesprochen, obwohl gedroht wurde, daß Blut fließen würde, wenn ich eine Genehmigung zum Reden erhielte. Ich meinte, es sei gut für junge Weiße – denn sie sind die Erwachsenen und die Führer von morgen –, den Schrei aus der Tiefe unseres Herzens zu hören, unsere tiefe Sehnsucht zu erfahren nach einer neuen Gesellschaftsordnung unseres Landes, einer Gesellschaftsordnung, in der wir wahre Sicherheit haben würden, weil alle Südafrikaner darin einen Platz an der Sonne hätten.

In diesem ganzen autobiographischen Abschnitt habe ich versucht, Ihnen zu verdeutlichen, daß ich nur ein einfacher Pastor bin, der leidenschaftlich um Gerechtigkeit, Frieden und Versöhnung bemüht ist – allerdings nicht um falsche oder billige Versöhnung, die «Frieden, Frieden» sagt, «wo es keinen Frieden gibt». Ich hoffe, Sie werden erkennen, daß ich nicht aus politischen oder anderen ideologischen Motiven handele, sondern durch das Evangelium Jesu Christi verpflichtet bin, vielleicht eine Stimme zu sein, die in der Wüste schreit, die unser Volk von dem Abgrund zurückruft, bevor es zu spät ist. Ich bin kein Politiker. Ich bin ein christlicher Führer, den Gott am Kragen gepackt hat, und Gott muß ich eher gehorchen als den Menschen, was immer das auch kosten mag.

# Unser Südafrika

# ... denn durch unsere gemeinsame Taufe sind wir eins geworden ...

*Brief an Premierminister John Vorster*

Sehr geehrter Herr Premierminister, Den 6. Mai 1976

dies wird mein bislang zweiter Brief an Sie sein. 1972, als mir ein Reisepaß verweigert worden war und ich meinen Posten als Außerordentlicher Direktor des Theologischen Erziehungsfonds nicht antreten konnte, habe ich Sie gebeten, sich für mich bei den zuständigen Behörden zu verwenden. Ihre Intervention war erfolgreich, denn kurz danach revidierte der damalige Innenminister seine Entscheidung und gewährte mir und meiner Familie unsere Reisepässe. Ich schreibe deshalb zuversichtlich und in der Hoffnung, daß dieser Brief ähnlich erfreuliche Ergebnisse für uns alle zeitigen möge.

Ich schreibe an Sie in tiefer Ergebenheit und aller Höflichkeit in meiner Eigenschaft als Anglikanischer Dekan von Johannesburg und insofern als Oberhaupt von mehreren tausend Christen aller Rassen in der Diözese Johannesburg. Ich schreibe an Sie als jemand, der von einigen Schwarzen (d. h. Afrikanern, Indern und Farbigen) als einer ihrer Sprecher akzeptiert wird, der ihren tiefsten Sehnsüchten Ausdruck verleiht, als einer, der diese mit gleicher Unverbrüchlichkeit teilt.

Ich schreibe an Sie, weil ich weiß, daß Sie ein liebender und treusorgender Vater und Ehemann sind, ein nachsichtiger Großvater, der die Freuden und Leiden des Familienlebens kennengelernt hat, das Lachen und die Fröhlichkeit darin, aber auch seine Sorgen und Kümmernisse. Ich schreibe an Sie als jemand, der sich leidenschaftlich einsetzt für ein glückliches und gefestigtes Familienleben als unentbehrlicher Grundlage für eine gesunde und stabile Gesellschaft. Sie haben Ihre Arme ausgebreitet, um Ihre Kinder und Enkelkinder zu umarmen und zu herzen, um sie mit Küssen zu liebkosen. Sie haben geliebt, Sie haben geweint, Sie haben am Bett eines Kranken gewacht, den Sie liebten, Sie haben am Sterbebett eines geliebten Verwandten gewacht, Sie sind ein stolzer Vater bei der Hochzeit Ihrer Kinder gewesen, Sie haben Tränen vergossen am Grabe eines Menschen, dessen Tod Ihnen das Herz brach. Kurz, ich schreibe an Sie als ein

Mensch an einen anderen, herrlich erschaffen nach dem Bilde des gleichen Gottes, erlöst von dem gleichen Sohn Gottes, der für uns alle am Kreuz gestorben und siegreich auferstanden ist von den Toten und in Herrlichkeit regiert zur rechten Hand des Vaters; geheiligt von dem gleichen Heiligen Geist, der in uns allen wirkt, um unsere Herzen aus Stein umzuwandeln in Herzen aus Fleisch und Blut. Ich schreibe deshalb an Sie als ein Christ an einen anderen, denn durch unsere gemeinsame Taufe sind wir eins geworden und vereint in dem Körper unseres Herrn und Heilands Jesu Christi. Dieser Jesus Christus, gleichgültig, was wir auch getan haben mögen, hat alles das, was uns beiläufig trennt, niedergerissen – als da sind Rasse, Geschlecht, Kultur, Status usw. In diesem Jesus Christus sind wir für immer verbunden als die eine erlöste Menschheit, Schwarz und Weiß zusammen.

Ich schreibe an Sie als einer, der Mitglied einer Rasse ist, die erfahren hat, was es an Enttäuschungen und Kränkungen, an Leid und Erniedrigung bedeutet, ein unterworfenes Volk zu sein. Die Geschichte Ihrer eigenen Rasse spricht beredt davon, wie völlig unmöglich es ist, wenn der Wunsch nach Freiheit und Selbstbestimmung in einem Volk erwacht ist, diesen mit irgend etwas anderem als mit Freiheit und Selbstbestimmung zu stillen oder zu besänftigen. Ihr Volk hat gegen schreckliche Widerstände dem Unbekannten die Stirn geboten und eher übermächtigen Herausforderungen und zahllosen Gefahren getrotzt, als sich weiterhin knechten zu lassen. Und schließlich ging es siegreich aus der Auseinandersetzung hervor. Mehr als jede andere Gruppe der weißen Gesellschaft muß Ihr Volk im tiefsten Inneren seines Wesens wissen – falls ihm die Lektionen sowohl der alten als der neuen Geschichte nicht gewärtig sein sollten –, daß überhaupt gar nichts ein Volk daran hindern kann, die Freiheit zu erringen; die Freiheit, ein Volk zu sein, das den Kopf hoch tragen kann, dessen Menschenwürde respektiert wird, das die Verantwortlichkeiten und Pflichten übernehmen kann, die die notwendigen Begleitumstände der Freiheit sind, nach der es sich mit seinem ganzen Wesen sehnt. Für die meisten Schwarzen kann dies niemals in den Reservaten verwirklicht werden, weil sie glauben, daß sie wesentlich zum Wohlstand eines Südafrika beigetragen haben, das allen gehört. Für die Schwarzen ist es schwer zu verstehen, warum man die Weißen als eine einzige Nation bezeichnet, obwohl sie sich doch zusammensetzen aus Griechen, Italienern, Portugiesen, Franzosen, Deutschen, Engländern usw. usw., während man aus den Schwarzen mit aller Gewalt verschiedene Nationen machen will – die Nation der Xhosas, der Zulus, der Tswanas usw. Die Xhosas und die Zulus z. B. sind einander ethnisch viel näher, als es – sagen wir mal – die Italiener und die Deutschen in der weißen

Gesellschaft einander sind. Wir gehören alle zusammen, Schwarze und Weiße, zu Südafrika, und die Schwarzen werden niemandem ein Stück dieses geliebten Landes abtreten, weil sie es so leidenschaftlich lieben. Kürzlich vertrat eine gemischtrassische Fußballmannschaft Südafrika gegen eine argentinische Mannschaft, die zu Besuch da war. Die südafrikanische Mannschaft hat haushoch gewonnen, und vielleicht zum erstenmal in der Geschichte des südafrikanischen Sports unterstützten Südafrikaner aller Rassen mit lautem Geschrei die gleiche Mannschaft gegen einen gemeinsamen Gegner.

Der Himmel ist deswegen nicht eingestürzt. Ist es bloße Phantasterei, darin ein Gleichnis für das zu sehen, was geschehen wird, wenn alle Südafrikaner zusammen ihren Anteil an ihrem Land erhalten, so daß sie bereit sein werden, es gegen einen gemeinsamen Feind zu verteidigen und für sein Wohlergehen begeistert zu kämpfen?

Ich schreibe an Sie, weil unser Botschafter bei den Vereinten Nationen, Herr Botha, erklärt hat, Südafrika rücke ab von der Rassendiskriminierung. Diese Erklärung hat nicht nur uns, sondern die ganze Welt freudig erregt. Leider gibt es bis jetzt kaum Beweise für dieses Abrücken. Es bedeutet keine wesentliche Abwendung von der Diskriminierung, wenn einige Schilder von Parkbänken entfernt werden. Das sind nur oberflächliche Änderungen, die das Leben der Schwarzen nicht grundsätzlich berühren. Ehemänner und Väter sind immer noch von ihren Lieben getrennt, weil sie sich als Wanderarbeiter verdingen müssen; das ist ein furchtbares System, das eine Synode der Niederländisch Reformierten Kirche einmal als ein Krebsgeschwür in der südafrikanischen Gesellschaft verurteilt hat, eines, das verheerende Folgen für das schwarze Familienleben hat und dadurch die Stabilität der Gesellschaft unterminiert, von der ich zuvor gesprochen habe. Wir entdecken diese langersehnte Änderung nicht, wenn wir uns die überfüllten Schulen in den schwarzen Townships, die unzureichenden Wohnverhältnisse und die hoffnungslos unzulänglichen Verkehrsmittel ansehen.

Ich schreibe an Sie, um Ihre Bemühungen um Entspannung und Dialog voll und ganz zu würdigen. Viele von uns hier möchten Sie eifrig in diesen Bemühungen unterstützen, aber wir können das ehrlicherweise nicht tun, solange die Entspannung nach außen nicht durch ebenso energische Maßnahmen zur Entspannung im Innern ergänzt wird. Die Schwarzen sind dankbar für alles, was für sie getan worden ist, aber jetzt beanspruchen sie *das unveräußerliche Recht, für sich selbst zu entscheiden*, in Zusammenarbeit mit ihren südafrikanischen Mitbürgern aller Rassen.

Ich schreibe an Sie, weil ich, wie Sie, arbeite für echte Versöhnung mit Gerechtigkeit für alle und für friedlichen Wandel hin zu einer gerechteren und offeneren südafrikanischen Gesellschaft, in der die wunderbaren Reichtümer und der Wohlstand unseres Landes gleichmäßiger verteilt werden. Ich schreibe an Sie, um Ihnen mit aller Beredsamkeit, die mir zu Gebote steht, zu sagen, daß die Sicherheit unseres Landes letztlich nicht von militärischer Stärke abhängig ist, und nicht davon, daß die Staatssicherheitspolizei zunehmend unbeschränktere Vollmachten erhält, praktisch tun zu können, was ihr gefällt, ohne den Gerichten unseres Landes Rechenschaft zu schulden, Gerichten, die in der ganzen Welt einen glänzenden Ruf wegen ihrer Fairneß und Redlichkeit besitzen. Deshalb verlangen wir weiterhin, alle Inhaftierten freizulassen oder sie vor Gericht zu stellen, wo sie verurteilt werden sollten, falls sie strafbarer Handlungen für schuldig befunden werden. Es herrscht große Beunruhigung in unserem Land darüber, daß Menschen für so lange inhaftiert werden können und dann oft entlassen werden, entweder ohne angeklagt worden zu sein, oder, wenn sie angeklagt wurden, gewöhnlich freigesprochen werden. Nur bewahrt sie das nicht vor weiterer Verfolgung durch die Polizei. Denn selbst wenn die Gerichte sie für unschuldig befinden, werden sie oft durch Verbannung oder Hausarrest oder sofortige Wiederverhaftung weiter bestraft. Wie lange kann Ihrer Ansicht nach ein Volk solch schreiendes Unrecht und Leid ertragen? Ein großer Teil der weißen Gesellschaft, mit all ihrem Wohlstand, ihren Privilegien, ihren schönen Häusern, ihren Dienstboten, ihrem Müßiggang, ist von Furcht und einem Gefühl von Unsicherheit erfüllt. Und das wird so bleiben, bis Südafrikaner aller Rassen frei sind. Die Freiheit ist unteilbar. Die Weißen in diesem Lande werden nicht frei sein, bevor nicht alle Teile unserer Gemeinschaft wirklich frei sind. Erst dann werden wir Sicherheit genießen, ohne astronomische Summen für ihre Aufrechterhaltung ausgeben zu müssen; riesige Beträge, die weit sinnvoller und gewinnbringender zum Wohle unserer ganzen Gesellschaft verwendet werden sollten, die ihre rechtmäßige Führungsposition in Afrika und andernorts einnehmen würde und der Welt beweisen würde, daß Menschen verschiedener Rassen friedlich zusammenleben können. Wir brauchen einander, und die Schwarzen haben versucht, den Weißen klarzumachen, daß sie sie nicht ins Meer werfen wollen. Wie lange sollen sie diese Zusicherung noch abgeben, um sie sich voller Verachtung um die Ohren hauen zu lassen? Man sagt, auch dem verträglichsten Zeitgenossen reißt irgendwann der Geduldsfaden.

Ich schreibe an Sie, weil ich die wachsende alptraumhafte Befürchtung hege, daß – falls nicht sehr bald etwas Drastisches geschieht – Blutvergießen und Gewaltanwendung in Südafrika nahezu unausweichlich werden. Ein Volk kann nur ein gewisses Maß hinnehmen und mehr nicht. Die Geschichte Ihres eigenen Volkes, auf die ich zuvor verwiesen habe, beweist das, Vietnam hat es demonstriert, der Kampf gegen Portugal hat es gezeigt. Ich wünsche bei Gott, daß ich mich irre und daß ich die Geschichte ebenso falsch verstanden habe wie die Lage in meinem geliebten Heimatland, in meinem Vaterland Südafrika. Ein Volk, das von Hoffnungslosigkeit, Ungerechtigkeit und Unterdrükkung zur Verzweiflung getrieben wird, muß verzweifelte Mittel wählen. Ich habe Angst, ich habe große Angst, daß wir bald den Punkt erreichen, an dem es kein Zurück mehr gibt, wo die Ereignisse ihren Lauf nehmen, wo niemand mehr verhindern kann, daß es zu einer blutigen Entscheidung kommt, die «zu entsetzlich ist, um sie sich auszumalen», um Ihre eigenen Worte zu zitieren.

Ich ängstige mich, weil ich einige Erfahrung habe mit den Schrecknissen der Gewalt. Meine Frau und ich hielten uns 1966 zwei Monate lang mit unseren beiden jüngsten Kindern in Jerusalem auf, wo wir die sich steigernde Gewalt und die wachsende Spannung zwischen Juden und Arabern erlebt haben, die dem Sechstagekrieg vorangingen. Ich war in Addis Abeba, als dort Unruhen auf den Straßen ausbrachen, das Vorspiel zum Sturz der Dynastie des Haile Selassie. Ich war in Uganda kurz vor der Vertreibung der Asiaten aus diesem Lande, und ich bin seither dorthin zurückgekehrt und habe die Furcht und die schlimme Entwicklung dort miterlebt. Ich habe den Sudan besucht, zugegebenermaßen nach Beendigung des siebzehnjährigen Bürgerkriegs, aber ich konnte sehen, was der mörderische Krieg der Bevölkerung und ihrem Eigentum an Schaden zugefügt hatte. Ich habe Nigeria und das frühere Biafra besucht und habe die schrecklichen Verwüstungen gesehen, die der grauenhafte Bürgerkrieg unter den besiegten Biafranern angerichtet hat. Im vergangenen Jahr hatte ich das Vorrecht, auf der Allgemeinen Versammlung der Presbyterianischen Kirche von Irland in Belfast zu sprechen – und was ich sah, erschütterte mich zutiefst. In England sahen wir täglich im Fernsehen schreckliche Bilder von der Plünderung und Zerstörung, die in Vietnam an der Tagesordnung war: Kinder, die unter qualvollen Verbrennungsschmerzen schrien – durch Napalmbomben verursacht; ein ganzes Volk, Hals über Kopf flüchtend, Menschen, die so verlassen und wild verzweifelt aussahen, daß man versucht war zu schreien: ‹Aber gibt es denn keinen Gott im Himmel, der sich um uns kümmert?› Nein, ich kenne Gewalt und Blutvergießen, und ich und viele unserer Menschen wollen davon nichts wissen.

Aber wir Schwarzen sind außerordentlich geduldig und friedliebend. Wir wissen, daß Politik die Kunst des Möglichen ist. Wir können nicht erwarten, daß Sie Ihren Wählern so weit vorauseilen, daß Sie ihre Unterstützung verlieren. Wir sind bereit, einige bedeutungsvolle Gesten hinzunehmen, die zeigen würden, daß Sie, Ihre Regierung und alle Weißen es ernst meinen, wenn sie sagen, daß sie friedlichen Wandel wünschen. Erstens: Akzeptieren Sie den städtischen Schwarzen als permanenten Bürger in dem Gebiet, das fälschlicherweise Weiß-Südafrika genannt wird, mitsamt dem Recht auf freien Grundbesitz. Er wird dann seinen Anteil am Land besitzen und wird sich nicht so leicht den Leuten anschließen, die sein Land zerstören möchten. Tatsächlich wäre er dann bereit zu sterben, um sein Vaterland zu verteidigen und sein Geburtsrecht. Zweitens: Heben Sie die Paßgesetze auf, die den Schwarzen mehr als alles andere beweisen, daß sie drittrangige Bürger sind in ihrem geliebten Land. Drittens: Es ist unumgänglich, daß Sie eine Nationalversammlung einberufen, die aus den wirklichen Führern der verschiedenen Gruppen besteht (d. h. Führern, die als solche von ihrem Teil der Gemeinschaft anerkannt werden), damit versucht werden kann, eine geordnete Entwicklung Südafrikas in eine nichtrassische, offene und gerechte Gesellschaft herbeizuführen. Ich glaube fest, daß Ihre Führungsposition ganz unumstritten ist und daß Ihnen von der weißen Wählerschaft praktisch ein Blankoscheck ausgestellt worden ist, daß Sie also wenig zu befürchten haben von einem sogenannten Rückschlag auf dem rechten Flügel. Falls nämlich die Maßnahmen, die ich vorgeschlagen habe, nicht bald ergriffen werden und der rapiden Verschlechterung der Lage nicht Einhalt geboten wird, wird es bald keinen rechten Flügel mehr geben, den man zu fürchten hätte – es wird nichts mehr geben.

Ich schreibe diesen Brief an Sie während einer dreitägigen geistlichen Einkehr in Johannesburg, wo wir in der Atmosphäre tiefer Stille, durch Gottesdienst und Anbetung und tägliche Abendmahlsfeier versuchen, näher zu Gott zu sein und zu entdecken, was der Wille Gottes für uns ist und was die Forderungen und Erleuchtungen des Heiligen Geistes sind. Es war während dieser Zeit, daß Gott mich, wie mir scheint, bewegt hat, diesen Brief zu schreiben.

Ich hoffe von Ihnen so bald wie möglich zu hören, denn ich möchte diese Korrespondenz der Presse zugänglich machen, vorzugsweise mit Ihrer Zustimmung, damit all unsere Menschen, sowohl schwarz wie weiß, wissen, daß wir von unserer Seite alles Menschenmögliche getan haben, um unseren Appell auszusprechen, nicht nur an die einfachen Menschen in der weißen Gesellschaft, sondern an die höchste politische Figur im Lande, und um die ernste Warnung zu äußern, die in meinem Brief enthalten ist. Dies alles entspringt aus der tiefen Liebe und Sorge für mein Land. Ich werde bald Bischof von Lesotho werden und dann in meiner neuen Diözese residieren. Aber ich bin fest entschlossen – und meine Frau unterstützt mich in diesem Entschluß – unsere südafrikanische Staatsbürgerschaft zu behalten, gleichgültig wie lange wir auch in Lesotho bleiben müssen.

Möge Gott Ihnen die Einsicht verleihen, auf uns zu hören, bevor es zu spät ist, und möge er Sie und Ihre Regierung segnen, heute und immerdar.

Sollten Sie meinen, es könnte dienlich sein, so bin ich nur zu gern bereit, mit Ihnen zusammenzutreffen und die Fragen, die ich hier angeschnitten habe, unter vier Augen zu besprechen, wie Sie auf Afrikaans sagen.

Seit wir im vorigen Jahr in diese Kathedrale gekommen sind, halten wir jeden Freitag regelmäßig einen Gottesdienst, in dem wir für Gerechtigkeit und Versöhnung in diesem Lande beten. Und in allen Gottesdiensten in der Kathedrale beten wir:

Gott segne Afrika,
Beschütze seine Kinder,
Leite seine Herrscher und
Gebe ihm Frieden,
Um Jesus Christus willen.

Und:

Herr, mache uns zu Werkzeugen deines Friedens, wo Haß ist, laß uns Liebe säen, wo Kränkung ist, Vergebung, wo Verzweiflung ist, Hoffnung, wo Finsternis ist, Licht, wo Traurigkeit ist, Freude.
Göttlicher Vater, gib, daß wir nicht so sehr danach streben, getröstet zu werden als zu trösten, verstanden zu werden als zu verstehen, geliebt zu werden als zu lieben: denn im Geben empfangen wir, im Verzeihen wird uns verziehen, im Tode werden wir zum ewigen Leben geboren.
Amen.

Und wir meinen es so.
Hochachtungsvoll
Desmond Tutu

# Nur die Hände falten?

*Unser politischer Protest*

Erstens. Einst kamen Menschen aus einem fernen Land und machten in unserem Land Station. Sie wollten sich hier nur für kurze Zeit aufhalten, bevor sie ihre Reise an ihren Bestimmungsort in den Ländern der aufgehenden Sonne fortsetzten. Nach einiger Zeit beschlossen einige dieser Leute, sich in unserem Land niederzulassen. Sie vertrieben einen Teil der Eingeborenen, die sie vorfanden. Sie errichteten Festungen und kultivierten das Land, das sie sich angeeignet hatten. Sie ergriffen die Eingeborenen und zwangen sie, ohne nennenswerte Bezahlung für sie zu arbeiten, denn in jenen fernen Tagen konnte man ein anderes menschliches Wesen als Eigentum besitzen wie sein Vieh oder seinen Hund oder seinen Wagen.

Und dann kam ein anderes Volk in unser Land, das wie das erstgenannte aussah und auch von weither über das Meer kam, aber eine andere Sprache hatte. Dieses Volk war viel stärker als das erste, und folglich übernahm es das Land – unser Land. Man erließ neue Gesetze, die die ersten Siedler mit Verärgerung aufnahmen; sie protestierten gegen die Gesetzgeber, vor allem aber gegen Gesetze, die darauf abzielten, eine bessere Behandlung der eingeborenen Bevölkerung sicherzustellen. Sie protestierten, sie zeterten und schimpften, aber es half nicht viel. In jenen Tagen gab es sogar religiöse Führer, die man der Einmischung in die Politik beschuldigte, die angeblich die Religion benutzten, um ihre verruchten Taten zu bemänteln, die darin bestanden, daß sie sich für die eingeborene Bevölkerung einsetzten, die keine Stimme hatte und machtlos war.

Und die Herrschenden ignorierten mit bemerkenswertem Gleichmut all diese Proteste und begingen die unverzeihliche Sünde, die Sklaven freizulassen. Das erwies sich für die ersten Siedler als der letzte Tropfen, der das Faß zum Überlaufen brachte; sie fanden nunmehr, daß sie die Schnauze voll hatten bis in den Hals hinein; deshalb zogen sie weg und brachen auf zu ihrem Großen Treck ins Innere unseres Landes, wo sie Anspruch erhoben auf weite Landstriche, ohne uns auch nur um Erlaubnis zu bitten. Sie wurden in Scharmützel und Gefechte mit den Eingeborenen, auf die sie stießen, verwickelt. Ihre überlegene Feuerkraft sicherte ihnen fast immer den Sieg. Es gelang ihnen, zu begründen, wonach sie sich mit ganzer Seele sehnten – ihre Burenrepubliken, die ihre Identität bewahrten und sicherstellten, daß sie in alle Ewigkeit die Herrschaft ausübten. Den Ureinwohnern des Landes wurde durch Gesetz eine minderwertige Stellung in Staat und Kirche zudiktiert, und Trennung und Apartheid wurden in diesen Republiken durch Verfassung und Kirchenrat *(kerkraad)* garantiert.

Die Entfernung, die die Buren zwischen sich und die Briten (denn so wurde der zweite Siedlerhaufen in unserem Lande genannt) gelegt hatten, reichte keineswegs aus, um sie den Raubtierklauen derer zu entziehen, die sie als ihre Peiniger betrachteten und die ihnen nachsetzten, weil sie die britische Vorherrschaft vom Kap bis nach Kairo ausdehnen wollten.

Zweitens. Der burische Widerstand gegen die Briten war total und praktisch unnachgiebig. Buren und Briten, so meinten die Buren, konnten genauso leicht zusammenkommen wie Öl und Wasser. Die Briten beharrten eisern auf ihrer imperialistischen Zielsetzung, und die Buren waren nicht weniger entschlossen, frei zu bleiben und nicht kolonialisiert zu werden. Ihr Widerstand reichte von ihrer ursprünglichen Opposition in der Kapprovinz bis zu der räumlichen Distanzierung im Großen Treck und ging schließlich bis zum Krieg. Und bescherte uns dann die Legende der Burenkommandos. Heute würde man die Vortrecker und die Kommandos vermutlich Terroristen nennen, oder nicht? Schließlich waren sie damit beschäftigt, die Herrschaft der Obrigkeit zu untergraben. Man beachte, wie Protest sich steigert, wenn er erfolglos verläuft, und zu gegebener Zeit gar zum Krieg führt.

Drittens. Schließlich kamen diese Buren mit solch einer Geschichte im Rücken an die Macht. Übrigens müssen wir hier noch ihr interessantes Verhalten während des Zweiten Weltkrieges erwähnen, als viele von ihnen, einschließlich ihrer Kirche, die südafrikanische Beteiligung an diesem Krieg ablehnten. Und einige von ihnen, die später große Leuchten in der Burenpolitik wurden, waren wegen ihrer subversiven Tätigkeit und ihrer Unterstützung Nazideutschlands interniert. Die wollen uns heute über Patriotismus belehren.

1948 erreichten sie ihr Ziel, die politische Macht, und gründeten endlich ihre Südafrikanische Republik, die sich im wesentlichen nicht von den Burenrepubliken der Vergangenheit unterschied, denn die Nachkommen der wahren Ureinwohner wurden und sind immer noch von der politischen Macht ausgeschlossen. Es ist wirklich, nebenbei gesagt, merkwürdig, daß die Buren mit solch einer Geschichte im

Rücken so blind sein sollten gegenüber der Wahrheit, die ihre eigene Geschichte so deutlich vor Augen geführt hat – daß nämlich, wenn ein Volk zur Freiheit entschlossen ist, nichts in der ganzen Welt es daran hindern wird, dieses Ziel zu erreichen. Sie sind ihrer eigenen Tradition und Freiheitsliebe untreu geworden.

Viertens. Unser geliebtes Land hat bedauerlicherweise keine wirkliche Tradition des Protests. Für die bemerkenswerteste Ausnahme von dieser Verallgemeinerung hat die außerordentlich mutige Gruppe weißer Frauen gesorgt, die seit fast 25 Jahren als Schwarze Schärpe *(Black Sash)* gegen das Schwinden der Freiheit in unserem Lande protestiert haben. Aber abgesehen davon und vielleicht mit Ausnahme der Kirchen, können wir auf weißer Seite möglicherweise nur noch sporadische Bemühungen liberaler weißer Studenten anführen, die versucht haben, für die Wahrheit einzutreten. In den letzten Jahren haben sich unsere Universitäten weit nach rechts bewegt; die Studenten sind insgesamt teilnahms- und lustlos geworden.

Die Verantwortung dafür muß ich voll und ganz unserem schlechten Unterrichts- und Erziehungswesen zur Last legen. Das gleiche Armutszeugnis muß ich auch dem weißen Erziehungswesen ausstellen, das außerordentlich kostspielig und qualitativ minderwertig ist. Das Ziel unseres Erziehungssystems scheint weniger darin zu bestehen, den Leuten beizubringen, *wie* man denkt, als *was* man denkt. Uns wird der Eindruck vermittelt, als seien Erfolg und materieller Wohlstand das Alpha und Omega unseres Daseins. Deshalb muß man sich so bald wie möglich ins Getümmel stürzen und soviel Geld machen, wie man nur kann. Und da die Wohlhabenden in der Gesellschaft die besten Kunden sind, darf man sie nicht verärgern, indem man unbequeme Fragen stellt. Stellt das System bloß nicht in Frage. Man sichere sich sein Plätzchen und richte sich dort ein, baue ein größeres Haus als die Nachbarn, übertrumpfe deren Audi mit einem BMW, deren eines Schwimmbad durch zwei, dann hat man es zu etwas gebracht. Man stifte also keine Unruhe, sondern passe sich an, andernfalls wird man in Acht und Bann getan. Man stelle nie jemanden in Frage, der Machtbefugnis besitzt, sonst wird man zu einer Gefahr für die Sicherheit des Staates. Wenn jemand unter Bann gestellt wird, haben die zuständigen Behörden sehr gute Gründe dafür – schließlich sind Verdächtigungen selten völlig grundlos. Weiße Südafrikaner sollten manchmal, nur manchmal wenigstens, ihr Haupt in Scham verhüllen. Sie haben die Dr. Mulders hervorgebracht, die keine Reue zeigen und ihre Existenz als Märchenonkel fortsetzen; Märchen der Art, wie Mulder sie erzählt, der allen Ernstes im Parlament – als er noch im Parlament war –

behauptet hat, daß es eines Tages keine Schwarzen in Südafrika mehr geben werde.* Übrigens hat kein Regierungsmitglied je diese Behauptung kategorisch zurückgewiesen.

Fünftens. Das Problem in Südafrika hängt mit der Verteilung der politischen Macht zwischen Weiß und Schwarz zusammen. Als die Buren 1948 an die Macht kamen, erließen sie neue Gesetze oder verschärften alte; die weiße Minderheitsherrschaft wurde dadurch für Schwarze völlig unerträglich.

Schwarze verabscheuen seit eh und je die weiße Minderheitsregierung aus tiefster Seele, und sie haben sich geschworen, sie zu ändern oder zu vernichten. Seit Anfang dieses Jahrhunderts haben sie gegen die krasse Ungerechtigkeit und Ungleichheit, die sie erlebt haben, protestiert. Sie sind als Delegierte nach Übersee gegangen; sie haben Regierungen in Südafrika ihre Aufwartung gemacht; sie haben Bittgesuche unterzeichnet; sie haben Protestmärsche veranstaltet; sie haben um Gerechtigkeit, Gleichstellung, Fairneß und um die Abschaffung institutionalisierter Gewalttätigkeit ersucht; sie haben gegen schlechte Bezahlung und Paßgesetze protestiert – Lillian Ngoyi, die kürzlich gestorben ist, führte einen gewaltigen Protestmarsch zum Regierungsgebäude an – einen Protestmarsch, der sich gegen den Paßzwang für Frauen richtete. Die Schwarzen haben sich an Gremien beteiligt, die keine Macht hatten, die von der Regierung ins Leben gerufen wurden; sie taten das in der Hoffnung, daß ihre Bereitschaft zur Mitarbeit in Pseudo-Gremien wie Beratenden Ortsausschüssen, Vertretungen der Eingeborenen und Bantustadträten der Regierung ihre Aufrichtigkeit beweisen würde und ihr Interesse an der Aufrechterhaltung von Gesetz und Ordnung; und daß das zu einem besseren Verständnis für ihre Notlage führen könnte. Alles, so sieht es aus, ist vergeblich gewesen. Sie haben Busse boykottiert, um gegen erhöhte Fahrpreise zu protestieren. Sie aßen keine Kartoffeln wegen der skandalösen Arbeitsbedingungen auf der Bethal-Kartoffelfarm. Es hat ungesetzliche Streiks gegeben im Rahmen der Protestbewegung und es gab auch die Protestliteratur (die fast immer das Schicksal ereilte, daß sie verboten wurde). Der am besten organisierte und am weitesten verbreitete Protest, an dem Schwarze teilnahmen, war die Kampagne des passiven Wider-

* Dr. Connie Mulder, ehemaliger Minister für Bantu-Angelegenheiten und Entwicklung, erklärte 1978 vor dem südafrikanischen Parlament:
‹Wenn die Politik der Apartheid logisch zu Ende gedacht wird, dann wird es eines Tages keinen einzigen Schwarzen mehr geben mit südafrikanischer Staatsbürgerschaft.›
(House of Assemblies Debate, Vol. 72, col. 579, 7. Februar 1978

stands der fünfziger Jahre, als Schwarze vorsätzlich unmoralische und diskriminierende Gesetze übertraten. In vieler Hinsicht führte dies zu den Protestaktionen gegen die Paßgesetze, die in dem Sharpeville-Massaker vom 21. März 1960 gipfelten, als die Welt entsetzt war darüber, daß Schwarze, die friedlich demonstrierten, so rücksichtslos niedergemacht werden konnten. Viele wurden, wie wir uns erinnern, in den Rücken geschossen, und es kann überhaupt keine Rede davon sein, daß die Polizei sich in Gefahr befunden hätte.

Das gehört zu unserer Geschichte und ist für alle Zeiten in unser Gedächtnis eingegraben; es hat sich in die Seele der Schwarzen eingebrannt. Ganz nach dem Muster der burischen Widerstandsbewegung ist es auch in der schwarzen Protestbewegung zu einer Eskalation gekommen. Da die Strategie des Appells und des verbalen Protestes als gescheitert erkannt worden ist, hat man sich davon abgewandt. Es ist in der Black Consciousness-Bewegung zu einem Abbruch der Beziehungen mit Weißen gekommen, und zwar durch die südafrikanische Studentenorganisation SASO und durch Black People's Convention BPC. Diese Bewegung ist eine unabdingbare Voraussetzung für wirkliche Versöhnung, da Versöhnung nur stattfinden kann zwischen eigenständigen menschlichen Personen, nicht solchen, die nur Kopien anderer Leute sind.

Und dann erlebten wir den Juni von 1976. Buren, die sich dagegen gewehrt hatten, daß ihnen das Englische aufgezwungen wurde, wollten nun ihrerseits den Schwarzen das Afrikaans aufzwingen, obwohl die Schwarzen die Burensprache zu Recht oder zu Unrecht als die Sprache der Unterdrücker schlechthin betrachten. Es gab eine Explosion, auf die Südafrika nicht gefaßt gewesen war, selbst die Polizei nicht, obwohl sie unsere Gesellschaft mit so schäbigen Individuen wie den Denunzianten durchsetzt hat. Afrikaans war natürlich wie die Paßgesetze nur ein Symbol für das ganze System von Unterdrückung und Ungerechtigkeit, von Ausbeutung der billigen Arbeitskraft, von Zerstörung des schwarzen Familienlebens, nur ein Symbol für die überfüllten Züge und Busse, die winzigen Bruchbuden in elenden, verqualmten Townships, denen es an den elementarsten Einrichtungen mangelt, die andere Gemeinden als selbstverständlich ansehen, wie gepflasterte Straßen, öffentliche Schwimmbäder, Tennisplätze, Spielplätze und Parkanlagen; statt dessen gänzlich unzureichende Schulräume und Klassenzimmer, wo Lehrer ohne abgeschlossene Ausbildung ein Erziehungssystem aufrechterhalten, das absichtlich und aufgrund erklärter Regierungspolitik dem anderer gesellschaftlicher Gruppen hinterherhinkt – Erziehung zur Knechtschaft hat jemand das genannt – all dies und vieles mehr stand hinter der Ablehnung des Afrikaans als

Unterrichtssprache, worauf der Cillie-Untersuchungsausschuß* hingewiesen hat. (Eines schönen Tages werden Schwarze ihre Version der Ereignisse liefern, in der dann die Polizisten bestimmt nicht als lupenreine Engel erscheinen werden, die gänzlich überrumpelt wurden.)

Und dann ging Südafrika in Flammen auf. Aber heute, im Jahr 1980, hat sich nicht viel geändert. Der Zorn der Schwarzen wächst. Schwarze werden sogar noch unnachsichtiger aus Südafrika herausgedrängt und irgendwohin verfrachtet – Hauptsache: aus den Augen, aus dem Sinn! –, um dann zu verhungern in einem Land, das sich damit brüstet, Nahrungsmittel nach Sambia zu schicken! Um zu verhungern, weil die Lösung der politischen Krise in Südafrika darin besteht, daß es keine schwarzen Südafrikaner mehr geben soll.

Deshalb haben viele Schwarze gesagt: «Wir geben es auf. Wir haben alles Mögliche auf friedlichem Wege versucht und sind gescheitert. Unser letzter Ausweg besteht darin, zu kämpfen für das Recht, ein Mensch zu sein, zu kämpfen für das Recht, Südafrikaner zu sein.» So kommt es, daß Südafrika erneut mit der Aussicht auf einen Bürgerkrieg konfrontiert wird. Die Vortrecker protestierten erst, zogen sich dann zurück und kämpften schließlich. Schwarze haben protestiert, haben sich zurückgezogen, und nun haben einige von ihnen begonnen zu kämpfen. Die Weißen haben ihre Jungs an der Grenze stehen, die Schwarzen auch; nur auf der anderen Seite der Grenze.

Sechstens. Einige von uns sagen immer noch, um Himmels willen, wir haben wahrscheinlich gerade noch genug Zeit für eine einigermaßen friedliche Beilegung der Krise. Wir erklären immer noch laut, daß wir für Gerechtigkeit, Versöhnung und Frieden sind. Wir halten immer noch die Hand der Freundschaft ausgestreckt und sagen unseren weißen Landsleuten: «Ergreift sie! Wir wollen miteinander reden, solange noch Zeit dazu ist.» Was für ein wunderbares Land hat Gott uns vererbt, und was für ein wunderbares Land wird es erst sein, wenn wir menschlich miteinander umgehen, wenn wir alle Südafrikaner sind, wenn Schwarz und Weiß gemeinsam auf die Zukunft eines vereinten Südafrika zugehen, mit einer gerechteren Gesellschaft, die offener ist und in der Menschen etwas gelten, weil sie Kinder Gottes sind.

Falls die Regierung darauf beharrt, Südafrika zu balkanisieren und den Schwarzen das Bürgerrecht zu nehmen, dann wird es keine friedliche Lösung geben, dann erklären sie uns den Krieg. Was sollen die Schwarzen denn in einer solchen Situation tun? Die Hände falten?

* Die Cillie-Kommission wurde von der südafrikanischen Regierung zur Untersuchung der Ursachen der Soweto-Unruhen eingesetzt.

Siebtens. Und Sie? Was halten Sie von der Sache? Was tun Sie? Ist das heutige Südafrika das, was Sie für Ihre Kinder wünschen, ein geteiltes, getrenntes Südafrika, wo es eigentlich für niemanden wirklich Freiheit gibt? Auch Sie leiden unter der Diskriminierung. Sie werden eingeschränkt, denn Sie können auch nicht jeden zum Nachbarn haben, den Sie haben möchten. Ihre Wahlmöglichkeiten sind begrenzt: Es sieht so aus, als ob Sie nicht Personen heiraten, Sie heiraten Rassen, und die sind für Sie verordnet worden. Sie können nicht frei und offen diskutieren. Was verstehen Sie wirklich von Kommunismus oder Marxismus? Sie werden einer Gehirnwäsche unterzogen von dieser schrecklichen öffentlichen Rundfunkanstalt SABC und von jener Stimme, die die Tagespolitik kommentiert, die Sie ständig in die Irre führt, da sie die Propagandaarbeit für die Nationalistische Partei besorgt. Und Sie sitzen einfach da und tun nichts dagegen.

In Ihrem Namen werden zahlreiche Menschen in Acht und Bann getan, sogar nach 15 Jahren Gefangenschaft auf Robben Island, wo sie nun wirklich kaum zu subversiver Tätigkeit gekommen sein dürften. Sie werden für weitere fünf Jahre dazu verurteilt, Gefangene auf eigene Kosten sein zu müssen, und Sie sitzen einfach da und tun nichts dagegen; Sie sagen nichts dazu, Sie sind schließlich zu beschäftigt, Ihr Studium abzuschließen, damit Sie berechtigt sind, sich ins Erwerbsleben zu stürzen. Das alles aber wird in Ihrem Namen getan und im Namen der christlichen Zivilisation und der freien Wirtschaft. In Ihrem Namen werden Menschen in Militärgefängnisse eingesperrt, weil sie als Pazifisten jede Art von Krieg ablehnen. Sie aber nehmen all das gelassen hin. Sie schlafen bequem in Ihren weißen Laken nach einer üppigen Mahlzeit und sagen und unternehmen nichts gegen eine Regierung, die in Ihrem Namen Menschen das Recht auf Verweigerung des Wehrdienstes aus Gewissensgründen einfach abspricht. (Es ist so ziemlich die einzige Regierung der sogenannten freien Welt, die das tut.) Ein Geistlicher wird bösartig bestraft, weil er an einer Kirchentagung teilgenommen hat, und Sie sitzen da und sagen und unternehmen nichts dagegen. Schwarze werden wie Vieh von einem Ort zum anderen verfrachtet – und das geschieht zum Schutz Ihrer Identität, zur Bewahrung Ihrer Privilegien! – und Sie machen weiter, als ob nichts geschehen wäre. All diese teuflischen Machenschaften werden in Ihrem Namen ausgeheckt, um Sie zu beschützen; und das im Jahr 1980, nachdem es den 16. Juni 1976 gegeben hat und den 21. März 1960. Und Sie sind ganz zufrieden damit, denn Sie sagen und tun praktisch nichts dagegen. Haben Sie auch nur an Ihren Parlamentsabgeordneten geschrieben?

Wir setzen uns für die Befreiung der Schwarzen ein, und damit setzen wir uns auch für die Befreiung der Weißen ein. Sie werden niemals frei sein, solange wir Schwarze nicht frei sind. Schließen Sie sich dem Freiheitskampf an. Schütteln Sie die Lustlosigkeit und die Apathie der Wohlstandsgesellschaft ab. Arbeiten Sie für ein besseres Südafrika für sich und für uns und für unsere Kinder. Beseitigen Sie alles Elend, alle Unterdrückung und alle Ungerechtigkeit, deren Opfer die Schwarzen sind und deren Nutznießer die Weißen, damit Sie nicht eines Tages den Sturm ernten. Schlagen Sie sich auf die Seite derer, die gewinnen werden. Unterdrückung, Ungerechtigkeit, Ausbeutung usw., all das hat verloren, denn Gott ist auf unserer Seite, auf der Seite der Gerechtigkeit, des Friedens, der Versöhnung, des Lachens und der Freude, der Gemeinsamkeit und des Mitleids, der Güte und der Rechtschaffenheit.

Paulus fragt: «Wenn Gott für uns ist, wer kann wider uns sein?»

*(März 1980, Witwatersrand Universität, Johannesburg, Ausschuß für Akademische Freiheit des ASTA)*

# Apartheid – die Politik der weißen Vorherrschaft

*Vertreibung der Bevölkerung*

## Die Zwangsumsiedlungen und die städtische Kirche

Zunächst einige Vorbemerkungen. Ich glaube, wir sollten das Adjektiv «städtisch» aus dem Titel entfernen und schlicht von der Kirche sprechen. Und dies aus mindestens zwei Gründen. Die Kirche im städtischen Gebiet verfügt wahrscheinlich über Mittel, die woanders nicht vorhanden sind; diese sollte sie zum Wohle unserer gesamten Bevölkerung einsetzen, denn nach Gottes Willen und Zwecken ist die Kirche eine Ganzheit, wobei es auf die geographische Lage gar nicht ankommt. Der zweite Grund ist, daß ich fürchte, wir könnten gewissen Leuten in die Falle gehen, die, indem sie von einer neuen sozialpolitischen Ordnung sprechen, schon anfangen zu sagen, sie seien bereit, auch die Einbeziehung jener zu erwägen, die sie «städtische Schwarze» nennen. Wir könnten vielleicht unversehens auf den Trick der Zersplitterung hereinfallen, die in diesem Falle der schwarzen Gesellschaft droht. Wir wollen als eine Ganzheit betrachtet werden, als Schwarze nämlich, nicht als ländliche oder städtische Schwarze. Deshalb wollen wir von der Kirche an sich reden und von der schwarzen Gemeinschaft als einer Ganzheit. Wir werden auf diese Zersplitterung der schwarzen Gemeinschaft ein wenig später zurückkommen.

Ich möchte Margaret Nash zustimmen, die in ihrem neuen Buch über die Abschiebung der Bevölkerung mit dem Titel *Black Uprooting From White South Africa* sagt, daß wir dazu neigen, uns über harte Realitäten in gepflegter Sprache auszulassen und auf diese Weise irgendwie unser Gewissen zu beruhigen, weil das alles gar nicht so schlimm klingt.

Den Begriff «Umsiedlung» lehnt sie besonders scharf ab, weil er an ein ordnungsgemäßes und in der Tat vernünftiges Umsiedlungsprogramm denken läßt, in dessen Rahmen man Vertriebene, Flüchtlinge etwa, aus dem Auffanglager wieder in ihre angestammte Umgebung zurückbringt. Was uns hier beschäftigen soll, ist allerdings nicht so harmlos. Es ist eine grausame und erschütternde Maßnahme, durch die menschliche Wesen, die Gottes Kinder sind, mitleidslos aus der Umgebung herausgerissen werden, die sie als ihr Zuhause ansahen, um

dann woanders abgeladen zu werden, wo es in den meisten Fällen noch trostloser und unwirtlicher ist als an ihrem früheren Wohnort. Sprache beschreibt nicht nur, was ist, sondern bestimmt auch die Auffassung, die wir von der Wirklichkeit haben.

Das gilt bei der Zwangsumsiedlung in besonderem Maße, weil Regierungssprecher nunmehr diese unmenschlichen Deportationen zu rechtfertigen suchen, indem sie von Stadtsanierung sprechen. Herr Marais Steyn, früher als Abgeordneter der Vereinigten Partei *(United Party)* ein erklärter Gegner der Apartheid und nunmehr Minister für Kommunalpolitik, hat das vorige Woche im Parlament vorexerziert, was einen Presseberichterstatter zu der Annahme veranlaßte, daß wir noch erheblich mehr von dieser Sorte «vernünftiger» Maßnahmen zu erwarten haben dürften. Die Sache ließ sich, so führte der Minister aus, so gut an, daß die, die anfänglich Widerstand gegen ihre Deportation geleistet hatten, inzwischen den Behörden ihren Dank und ihre Anerkennung ausgesprochen hätten. Ich möchte die Ehrlichkeit des Ministers nicht in Frage stellen, und ich bin sicher, daß es viele Fälle gibt, in denen man den Ausdruck Stadtsanierung zu Recht verwenden könnte, um einige der Deportationen angemessen zu bezeichnen. Und dennoch, selbst wenn dies der Fall ist, überrascht es doch, daß auch völlig intakte Häuser abgerissen werden und daß deren Bewohner obdachlos gemacht werden, lange bevor man ihnen eine andere Unterbringung von vergleichbarer Qualität bieten kann.

Ich erinnere nur daran, was in Sophiatown geschah, wo Schwarze einige sehr gute Häuser errichtet hatten, die mitsamt ihrem verbrieften Recht auf freien Grundbesitz vernichtet wurden. Das frühere Sophiatown wurde ein weißes Wohngebiet, das die alten Straßennamen beibehielt, allerdings feinsinnig umbenannt in Triomf. Wenn die Zwangsumsiedlung der Leute von District Six, einem Stadtbezirk in Kapstadt, schlicht und einfach Teil eines Stadtsanierungsplans war, dann hätte man den sogenannten Farbigen vielleicht gestatten können, wiederaufzubauen, was ihr Elendsquartier zu sein pflegte, anstatt ihnen enorme Zahlungsverpflichtungen für ihre neuen Häuser weitab von der Stadt und zusätzliche Fahrtkosten aufzubürden. Ich möchte uns lediglich zur Vorsicht gemahnen, wenn wir die Beteuerungen von Ministern vernehmen, und möchte daran erinnern, daß sie zu einer Gruppe gehören, die sich auskennt im Umgang mit der Sprache. Man nehme beispielsweise nur das Gesetz, das sich *The Extension Of Universities Act* nennt, worunter man normalerweise verstehen würde, daß es darauf abzielt, die Ausbildungsmöglichkeiten für Schwarze im universitären Bereich auszuweiten. Man braucht ein eigenes Wörterbuch, um unser Englisch hier zu erklären. Dieses Gesetz untersagt es Schwarzen, sogenannte weiße Universitäten zu besuchen, es sei denn mit einer Sondergenehmigung, dieser Abscheulichkeit in unserem Leben. Hierzulande geht es nach dem Motto, so will es scheinen, daß Sprache das bedeuten muß, was sie bedeuten soll.

Noch eine letzte Vorbemerkung: Wir werden uns hier beinahe ausschließlich mit der Entwurzelung der Afrikaner und nicht der Schwarzen überhaupt befassen. Unter ‹schwarz› verstehen wir alles, was man gewöhnlich als farbig, indisch und afrikanisch bzw. Bantu und eingeboren bezeichnet hat.

Es hat Deportationsmaßnahmen gegeben, die auch andere Bevölkerungsgruppen als die afrikanische betroffen haben. Man braucht nur an District Six zu denken oder an Cato Manor (das m. W. eine Gnadenfrist erhalten hat), die unter das *Group Areas*-Gesetz fallen, ein Gesetz, das rassengetrennte Wohngebiete vorschreibt; dann wird einem klar, daß es gewaltige demographische Verschiebungen gegeben hat, nur um ideologische Planspiele zu erfüllen, in deren Rahmen ein politisches Schachspiel abläuft, bei dem Menschen als Figuren dienen.

Schwarze sind eigentlich seit der Zeit, da Weiße erstmals den Fuß auf südafrikanischen Boden setzten, herumgestoßen worden. Jene, die anfänglich kamen, um eine Zwischenstation einzurichten und die Schiffe mit frischen Vorräten zu versorgen, die den lukrativen Osthandel betrieben, hatten auch andere bei sich, die sich hier nicht nur zeitweilig aufhalten wollten. Diese Leute beschlossen, sich anzusiedeln, Festungen zu bauen und sich weite Landstriche anzueignen, ohne auch nur Dankeschön zu sagen; die einheimische Bevölkerung, die sie im Besitz des Landes vorgefunden hatten, als sie hier eintrafen, und die sie inzwischen vertrieben haben, war ihnen nichts als ein Stein des Anstoßes. Als diese ersten Siedler in Konflikt gerieten mit der britischen Herrschaft, zogen sie ins Landesinnere, wo sie ausgedehnte Gebiete eroberten. Die Verfassungen der Burenrepubliken, die sie gründeten, verdammten die eingeborene Bevölkerung zu Minderwertigkeit in Staat und Kirche.

Daran änderte sich kaum etwas, als im Jahre 1910 die Union zustande kam, denn was vorher mit Hilfe des Gewehrs durchgesetzt wurde, ging nun auf zivilisierte Weise mittels Gesetzgebung als Teil eines demokratischen Prozesses vor sich. Die Auswirkungen waren und sind die gleichen: Die Schwarzen verloren immer mehr Land, denn die Weißen reservierten mehr und mehr für sich selbst, bis der heutige Status quo erreicht war, der in den Landgesetzen von 1913 und 1936 gesetzlich verankert ist. Diese Gesetze verfügten, daß beinahe 80 % der Bevölkerung zurückgedrängt wird auf 13 % der Fläche des Landes, das ihr Geburtsland ist.

## 1945 und später

Als die Nationalisten im Jahre 1948 an die Macht kamen, feierten die Ideale der Burenrepubliken des späten 19. und frühen 20. Jahrhunderts fröhliche Wiederauferstehung. Sie entwickelten die bestehende diskriminierende Gesetzgebung weiter und schufen mit erstaunlichem Einfallsreichtum ihre eigene: Gesetze zur Rassenklassifizierung, Gesetze zum Schutz weißer Arbeitsplätze, Gesetze gegen Mischehen und Geschlechtsverkehr zwischen den Rassen und andere rassistische Gesetzeswerke. Aber der Höhepunkt ihrer Bemühungen (und zugleich der Tiefstpunkt in der Geschichte schwarzer Entrechtung) war mit ihrer Bantustan-Politik erreicht. Letztlich geht es bei der südafrikanischen Krise um die politische Macht, denn wenn man sie besitzt, hat man Zugang zu anderen Formen der Macht – zu ökonomischem Wohlstand, zu sozialen Einrichtungen und Annehmlichkeiten aller Art. Darum ist es eine Farce, von der Verbesserung der Lebensqualität der Schwarzen in ihren eigenen Gebieten zu sprechen, über die sogenannten Änderungen zu schwafeln, die herbeigeführt worden sind im Bereich des Sports, durch Schaffung internationaler Hotels und Restaurants und durch die Entfernung diskriminierender Schilder. Es ist eine Farce, denn gleichgültig, wie wunderbar die Verbesserungen im Leben des schwarzen Menschen auch ausfallen mögen – und ich bezweifle keinen Augenblick, daß es bedeutende Verbesserungen geben wird –, sie werden stets bloße Zugeständnisse sein, die immer gefährdet und widerrufbar sind, denn sie sind von der Laune der Leute abhängig, die die politische Macht besitzen. Wenn es ihnen gerade paßt, werden sie diese Vergünstigungen zurückziehen; wenn sie das Gegenteil für richtig halten, werden sie diese ganz nach Gutdünken mehr oder weniger großzügig gewähren.

Im Grunde geht es um die Frage, wie man die politische Macht in den Händen einer weißen Oligarchie aufrechterhalten kann. Aber vielleicht gibt es noch eine Frage, die dem vorausgeht: Wie überlebt man als eine weiße Minorität, die im Verhältnis fünf zu eins in der Minderheit ist, auf einem Kontinent, der sich im großen und ganzen der weißen Präsenz gegenüber feindselig verhalten hat? Und die Antwort, die die imperialistischen Europäer darauf fanden, und zwar mit geradezu unheimlicher Einmütigkeit, bestand darin, die eingeborenen Völker zu unterjochen und den größten Teil der Macht in weißer Hand zu lassen. Und so kam es, daß Afrika im besonderen und ein großer Teil der sogenannten Dritten Welt im allgemeinen von diesen weißen Ausländern regiert wurde. Im Laufe der Zeit hat der größte Teil dieses Kolonialreiches das Joch der Unterdrückung abgeworfen. Das südliche Afrika hat sich dieser Befreiungsbewegung erst reichlich spät angeschlossen, aber die Wogen der Freiheit haben inzwischen den größten Teil der weißen Minderheitsherrschaft auch auf diesem Subkontinent weggespült; die letzte Minderheitsregierung, die zu Fall kam, war die in Zimbabwe, wo wir berühmte letzte Worte von Herrn Ian Smith vernahmen, die besagten, daß der Wechsel nicht zu seinen Lebzeiten geschehen würde oder jedenfalls nur über seine Leiche und nicht in tausend Jahren.

In unserer Zeit war es ganz klar, daß die Weißen entschlossen waren, die politische Macht ausschließlich in ihren Händen zu behalten. Es kam ihnen niemals merkwürdig vor – jedenfalls nicht der Mehrheit von ihnen –, daß ihr Verhalten dem landläufigen Begriff von Demokratie völlig zuwiderlief; der Demokratie, deren Vorzüge sie in eben dem Maße priesen, wie sie Kommunismus und Marxismus herabsetzten.

Gleich bei ihrer Machtübernahme ließ die Nationalistische Partei keinerlei Zweifel an ihrer Entschlossenheit aufkommen, die weiße Vorherrschaft mittels einer Politik aufrechtzuerhalten, die unverhüllt rassistisch war. Sie hatte die politische Macht erlangt, getragen von der Angst der Weißen vor der sogenannten schwarzen Gefahr, die *Swart Gevaar*. (‹Möchten Sie, daß Ihre Tochter diesen Mann heiratet?›) Sie machten kein Geheimnis daraus. Sie verwendeten ganz offen und bewußt unhöfliche Ausdrücke, wenn sie uns Schwarze anredeten. Sie gingen so weit zu sagen, sie würden uns nicht Herr usw. nennen. Und anstelle von Anreden wie ‹Sehr geehrte Herren› waren Ausdrücke wie Kulis, Hottentotten und Kaffern durchweg an der Tagesordnung. Sogar unsere englischen Zeitungen beteiligten sich an diesen Verunglimpfungen. Sie pflegten zum Beispiel einen Unfall mit folgendem Wortlaut zu beschreiben: ‹Drei Personen und ein Eingeborener sind verletzt worden.› Wir lasen das und es ist in unser Gedächtnis eingegraben. Ich erinnere mich, daß ich ernsthaft ermahnt wurde, mich ja nicht an dem Tag auf die Straße zu wagen, der damals noch *Dingaanstag* hieß. Und man erfuhr, daß Buren den Schwarzen die Bärte abzuschneiden pflegten. (Ich kann mich nicht für die Wahrheit dieses Gerüchts verbürgen, aber solche Geschichten machten die Runde in der schwarzen Gesellschaft und prägten sich unserem Bewußtsein ein.) So etwas war einfach Teil des südafrikanischen Lebens. Man wußte, wenn man auf den Bürgersteigen unserer Städte ging, durfte man sicher sein, von den weißen Herren aus dem Weg gestoßen zu werden. Das gehörte zu dem ganzen System, dem Eingeborenen klar zu machen, wo sein Platz war.

Dr. Verwoerd besaß wenigstens die Tugend der Ehrlichkeit. Als er die Bantuerziehung einführte, versuchte er nicht, uns all das hochtrabende Zeug unterzujubeln, das wir heute von den Apologeten dieses Systems vorgesetzt kriegen. Für ihn war es völlig klar, daß Schwarze nur das Bildungsniveau erreichen sollten, das sie zu guten Dienern der Weißen machen würde. Und sie sollten nicht dazu verführt werden zu glauben, daß die fetten Weidegründe auf der Seite der Weißen ihnen jemals zugänglich sein würden.

Die Schwarzen hatten sich nie Illusionen über ihre Stellung und ihren Status in Südafrika gemacht. Sie waren Einwohner dritter Klasse, nicht Bürger im Lande ihrer Vorfahren. Das bewiesen die Gesetze bei jeder Gelegenheit. Aber vor 1948 waren die Schwarzen mit falschen Erwartungen eingelullt worden. Sie müssen wissen, unsere Väter und Brüder waren im Ersten Weltkrieg umgekommen in dem Glauben, alle

Kriege zu beenden; sie waren im Zweiten Weltkrieg gegen Nazismus und Faschismus gestorben und hatten geglaubt, eine neue Ära der Gerechtigkeit, der Rechtschaffenheit und des Friedens würde auch für sie und ihre Kinder anbrechen. Die Schwarzafrikaner hatten ihr Wahlrecht in der Kapprovinz verloren und konnten fortan nicht mehr direkt im Parlament vertreten sein. Aber trotzdem nahmen sie zur Kenntnis, daß die sogenannten Farbigen weiterhin das allgemeine Wahlrecht besaßen, und meinten, daß dieses Vorrecht im Laufe der Zeit vielleicht auch anderen Schwarzen zuteil werden könnte. Um ihre Gesetzestreue und ihren Wunsch nach Beteiligung an der Entscheidungsbefugnis über ihr Land zum Ausdruck zu bringen, willigten sie ein, in Pseudo-Gremien zu sitzen wie beratenden Ortsausschüssen und dem Rat zur Vertretung der Eingeborenen usw. Sie protestierten friedlich, sie verfaßten Bittschriften, sie beteiligten sich an Abordnungen, sie boykottierten, sie leisteten passiven Widerstand – aber alles vergebens.

Im Überschwang ihres Wahlerfolgs nahmen die Nationalisten kein Blatt vor den Mund und waren auch nicht zimperlich bei der Ausführung ihrer Pläne. Sie schoben die Bewohner von Sophiatown ab und nahmen ihnen ihr verbrieftes Recht auf freien Grundbesitz. Sie vernichteten eine lebendige Gemeinde. Ich weiß das, denn ich wohnte in der Meyer Street in Sophiatown, wo die Ordensgemeinschaft der Wiederauferstehung, deren Oberhaupt der Bischof Trevor Huddleston war, ihr Gebäude hatte. Ich erinnere mich daran, daß der damalige Bischof von Johannesburg, Leslie Stradling, uns am Vorabend meiner Priesterweihe zu einem Konfirmationsgottesdienst in der alten Christuskirche mitnahm, die wie ein Wachturm auf einer Hügelkuppe stand und ganz Sophiatown überragte. Aber das war nicht mehr das Sophiatown, das ich gekannt hatte. Das war nur noch ein Stück verwüstetes Land, die Häuser waren dem Erdboden gleichgemacht und das Unkraut überwucherte alles. Das Ganze glich einem zerbombten Gebiet. Getan hatte man es, um die weiße Vorherrschaft aufrechtzuerhalten.

In diesen ersten Tagen ungetrübter Apartheid bemerkte Dr. Verwoerd, daß Herr Hofmeyer, der Erziehungsminister, für schwarze Schulen die Schulspeisung eingeführt hatte. Ich erinnere mich sehr wohl, daß ich als kleiner Junge in dem Burendorf Ventersdorp weiße Kinder beobachten konnte, die das, was man ihnen als Schulspeisung gegeben hatte – belegte Brote und Obst, an dem nichts auszusetzen war –, in die Mülltonnen warfen. Sie hielten sich lieber an das, was ihre Mütter ihnen eingepackt hatten. Und ich erinnere mich auch an einen anderen Anblick – daß nämlich schwarze Kinder aus der Township – so nannte man das damals –, in den Mülltonnen der weißen

Schulen wühlten. Ich fragte mich, wie es kam, daß Kinder aus relativ wohlhabenden Bevölkerungsschichten die Schulspeisung erhielten, während die Kinder, deren Eltern es finanziell am schlechtesten ging und die es für ihr gesundes Wachstum am nötigsten brauchten, keine Schulspeisung bekamen.

Nun, als Dr. Verwoerd herausfand, daß es die Schulspeisung für die meisten schwarzen Kinder gab, beschloß er, damit ein für alle Mal Schluß zu machen. Diese Nationalisten haben sich in ihrer Zeit einige atemberaubende Dinge geleistet, aber ich glaube, Dr. Verwoerds Begründung für die Aussetzung der Schulspeisung ist immer noch der Gipfel. Er sagte, da wir nur einige speisen könnten und nicht alle, dürften wir auch jene nicht speisen, die wir versorgen könnten.

Der Zynismus dieser Äußerung ist ganz schauderhaft. Weil man nicht alle Tb-Leidenden heilen kann, sollte man auch die nicht heilen, die man kurieren kann? Wäre diese Auffassung annehmbar?

Ich führe all dies lediglich an, um klarzustellen, daß die Nationalisten sich anfänglich keinerlei Mühe gaben, die Tatsache zu verbergen, daß sie nur die Interessen einer einzigen Bevölkerungsgruppe wahrnahmen – und das war nicht die Gruppe der Schwarzen. Sie verbargen das auch nicht hinter hochtrabenden und gewundenen Feststellungen oder Argumenten. Der weiße Mann war Chef im Ring und der schwarze der Verlierer, und sie würden dafür sorgen, daß das so blieb.

Sie konnten jedoch nicht so tun, als gehörten sie nicht zu einer größeren Gemeinschaft, der Gemeinschaft der Völker der Welt. Herr Eric Louw fand seine gelegentlichen Abstecher zu den Vereinten Nationen einigermaßen ungemütlich, und die Kritik in aller Welt war scharf. Die Nationalisten beschlossen deshalb, ihre offensichtlich rassistische und unmoralische Politik etwas zu drapieren, um sie akzeptabler zu machen, aber auch um das Gewissen jener überseeischen Länder, die kräftig in Südafrika investierten und dabei von billiger schwarzer Arbeit, von Wanderarbeit, profitierten, darüber zu beruhigen, daß sie so ungeniert Nutzen zogen aus dem Elend der Schwarzen. Das ist der eigentliche Grund für die Beschleunigung der Entwicklung von Bantustans; auch für den Versuch, den Gebrauch des Begriffs der getrennten Entwicklung zur Beschreibung ihrer Politik zu forcieren und den des Wortes Apartheid einzuschränken, da dieses in das Vokabular der Welt eingegangen war als etwas, mit dem kein anständiger Mensch etwas zu tun haben wollte.

Sie glaubten tatsächlich selbst, was sie sagten, und tun das immer noch. Die Schwarzen, die man nicht im geringsten zu Rate gezogen hatte hinsichtlich der Politik, die sie schlucken mußten, würden in der Lage sein, ihre politischen und sonstigen Rechte in ihren eigenen

Gebieten auszuüben, die willkürlich für sie von der allmächtigen weißen Regierung zusammengestoppelt wurden, der natürlich wie immer nur die Interessen der Schwarzen am Herzen lagen. Die Bantus bildeten nicht eine einzige Gemeinschaft. Sie waren ein Konglomerat aus verschiedenen ‹Nationen›. Zulus, Xhosas, Tswanas usw., deren jede ihr eigenes Bantustan-Heimatland erhalten würde; und die Absicht dahinter war, daß sie letztlich allesamt als «autonome, souveräne Nationen enden» würden. Es ist der Regierung völlig egal, daß die Xhosas uns mit dem außergewöhnlichen Phänomen überraschten, in zwei Gruppen oder Nationen aufgeteilt zu werden, die Transkei- und die Ciskei-Nation. Es ist ihnen völlig egal, daß bislang noch niemand erklärt hat, durch welchen Gewaltakt man die weiße Bevölkerungsgruppe, die aus grundverschiedenen Elementen besteht (Griechen, Schweden, Engländer, Buren) zu einer Nation zusammenfügen konnte. Es ist ihnen völlig egal, daß abgesehen von der Transkei keine dieser Kreationen über territoriale Integrität verfügt oder die geringste Hoffnung auf wirtschaftliche Lebensfähigkeit besitzt.

Darum ging es nicht. Es ging vielmehr darum, wie man einer Sache einen Anschein von moralischer Rechtfertigung verleihen konnte, die als ein Übel verdammt worden war. Und das eben Gesagte ist die Lösung, zu der sich das weiße Südafrika durchgerungen hat in der Frage der politischen Macht und der Koexistenz in diesem Teil des Subkontinents. Sie haben beschlossen, daß nur eine Lösung in Frage kommt, die die Macht weiterhin fest in ihrer Hand beläßt, und daß Koexistenz nur unter den Bedingungen stattfindet, die sie diktiert haben. Das bedeutet, daß es ein weißes Südafrika geben wird, über dessen genaue Grenzen die Weißen ganz allein entscheiden; und nur Weiße werden Bürger dieses Teils von Südafrika sein, der wahrscheinlich der reichste und höchstentwickelte Teil unseres gemeinsamen Vaterlands sein dürfte. Es mag natürlich reiner Zufall sein, aber die meisten Städte, die Bergwerke und die Häfen werden zu diesem wohlhabenden Teil gehören. Die Farbigen und die Inder werden ziemlich sicher integriert werden in das System, um die Reihen der Weißen gegen die schwarzen Horden zahlenmäßig zu verstärken.

## Und was geschieht mit dem Rest?

Und die totale Strategie ist auf Weiterentwicklung angelegt. Einige vom Glück begünstigte Schwarze (städtische Schwarze) werden auch etwas von diesem Kuchen abkriegen. Ihr Lebensstandard wird deutlich verbessert werden, ihre Kinder werden wahrscheinlich gute weiße Schulen besuchen, sie werden sehr gute Gehälter beziehen usw. usw. Sie werden in das System aufgenommen als eine schwarze Mittelklasse, um als Puffer zu dienen zwischen den reichen Weißen und den schwarzen Habenichtsen; da sie so außerordentlich bevorrechtigt sind, werden sie den Status quo so energisch unterstützen, wie man es nirgendwo sonst zu hoffen wagen könnte. Das ist die neue Strategie der Nationalistenregierung. Die bittere Pille ist ganz erheblich versüßt worden. Die Schwarzen nämlich, die zu dem Wirtschaftskernland und dessen Gesellschaft zählen werden, werden zahlenmäßig so wenig ins Gewicht fallen, daß sie kaum eine Bedrohung für die herrschende weiße Bevölkerungsgruppe darstellen. Und was geschieht mit dem Rest, dem glücklosen großen Haufen? Sie werden entfernt werden, verdammt in die dunklen Randbezirke, in die Vorhölle der Vergessenen. Sie müssen verschwinden. Die Riekert-Kommission hat empfohlen, und diese Empfehlung ist ohne Zögern angenommen worden, daß die ‹Illegalen›, also die, die nicht ins System passen, ausgewiesen werden, wobei eine Höchststrafe von 500 Rand vorgesehen ist für Leute, die ihnen Arbeit geben im weißen Gebiet.*

Niemand hat Dr. Mulder widersprochen, als er im Parlament klarstellte, daß die Apartheid ihren logischen Abschluß darin fände, daß es eines Tages keine schwarzen Südafrikaner mehr geben würde in Südafrika.

Und um diesen Abschluß herbeizuführen, haben sie ohne viel zu fackeln fast zwei Millionen Schwarze abgeschoben. Sie deportierten sie von Wohnorten, wo sie einigermaßen angemessen behaust waren, wo sie Arbeit finden konnten, einige im informellen Sektor als Gelegenheitsarbeiter, wo sie zu Fuß zur Arbeit gehen konnten oder ihr Arbeitsplatz doch in zumutbarer Entfernung von ihrer Wohnung war. Sie haben sie zwangsumgesiedelt, haben sie in weitgehend unwirtlichen Gebieten abgeladen wie Kartoffeln, häufig ohne ihnen eine andere Unterkunft zu bieten (Die Makgatho-Leute wurden kurz vor Weihnachten, einem Familienfest im christlichen Südafrika, aus ihren völlig einwandfreien Häusern geholt und an ihren neuen Wohnort gebracht, wo sie in Zelten leben mußten. Selbst wenn es absolut lebenswichtig war, diese Menschen abzuschieben, warum ausgerechnet kurz vor Weihnachten, was es den Kindern außerdem fast unmöglich machte, ihre Jahresabschlußprüfungen zu schreiben?). Sie haben mit den ge-

* Nach dem im Sommer 1984 dem Parlament vorgelegten ‹*Aliens and Immigration Law Amendment*-Gesetz› beträgt die Höchststrafe für einen Arbeitgeber, der einen ‹illegalen› Schwarzen beschäftigt – d. h. einen Schwarzen ohne Wohnrecht im ‹weißen› Gebiet – 5000.– Rand (etwa DM 12 000) oder 2 Jahre Gefängnis.

stiegenen Fahrtkosten ihre Not. (Zuvor waren die Makgatho-Leute nur 50 km von Pietersburg entfernt, jetzt sind es 100 km.) Von Tagespendlern sind sie nun zu Wochenendpendlern geworden. Ein alter Mann in Glenmore erzählte mir, daß er an seinem alten Wohnort nur wenig Fahrgeld ausgeben mußte, um in der Stadt als Gärtner arbeiten zu können. Jetzt müßte er bis Freitag in der Stadt bleiben, weil sonst sein Nettolohn zu nichts zusammenschrumpfte. Die Bewohner von Walmer, in der Nähe von Port Elizabeth, überqueren einfach die Eisenbahngeleise, um in Walmer Town Arbeit zu suchen. Niemand will, daß sie entfernt werden. Auch die Einwohner von Walmer nicht. Aber sie müssen nach Zwide zwangsumgesiedelt werden, etliche Kilometer von der Stadt entfernt gelegen. Sie werden nunmehr Busfahrgeld bezahlen müssen. Sie werden eine bestehende Warteliste für Wohnungssuchende, die sich auf 12 000 beläuft, um weitere 6000 verlängern. Warum?

In den meisten Umsiedlungslagern sind die Menschen dem Verhungern nahe. Ich weiß das, denn ich habe es gesehen. Sie hungern nicht, weil der Zufall oder ein widriges Geschick es so wollen. Nein, sie hungern, weil eine geplante Regierungspolitik, die namens der weißen christlichen Zivilisation gemacht wird, es so will. Sie leiden Hunger in einer Weise, daß ein kleines Mädchen einem erzählen kann, daß sie Wasser trinken, um ihren Magen zu füllen, wenn sie keine Nahrung borgen können. Das ist die Lösung, zu der die Nationalisten sich entschlossen haben. Viele können nicht arbeiten, nicht weil sie nicht arbeiten wollen, sondern weil es keine Arbeit gibt. Folglich sitzen sie lustlos herum, während wir die Gewinne einstreichen, die aus dem steigenden Goldpreis und unserem Wirtschaftsboom fließen, der uns nahelegt, Facharbeiter aus Übersee ins Land zu holen. Sie sind dort als eine Reserve billiger Arbeit gedacht, die bewußt geschaffen worden ist. Als schwarze Arbeitskräfte benötigt wurden, machte man Gesetze, um die Schwarzen zu zwingen, sich in den Städten zu verdingen, obwohl sie nicht selten wohlhabende Bauern gewesen waren. Sie mußten Lohnarbeiter werden, damit sie die Abgaben zahlen konnten, die man ihnen auferlegte. Jetzt werden sie eigentlich nicht mehr gebraucht, und folglich werden sie ausgewiesen. Es gibt ungefähr zwei Millionen arbeitslose Schwarze, und eine weitere Million wird voraussichtlich ihre Arbeitsplätze verlieren, aber sie sind aus den Augen und somit aus dem Sinn.

Die Bantustan-Regierungen müssen wohl oder übel die Verantwortung für sie übernehmen, obwohl sie gar nicht über die Mittel verfügen, um mit einem solch gewaltigen Problem fertigwerden zu können. Schwarze Armut und schwarze Arbeitslosigkeit, die städtische Probleme darstellen und gewisse Aussichten haben, im städtischen Bereich gelöst zu werden, werden also in die Bantustans verlegt, die Dr. Nash als Gettos der Armut bezeichnet hat, wo überhaupt keine Hoffnung besteht, sie zu bewältigen. Notgedrungen müssen die Männer Kontraktarbeiter werden. Frauen, Kinder und Alte müssen versuchen, irgendwie ihr Leben zu fristen, ohne viel Hoffnung, Leib und Seele zusammenzuhalten zu können. Nicht einmal das, was sogar die weiße Niederländisch Reformierte Kirche zur Verdammung des Kontraktarbeitssystems gesagt hat, interessiert die Regierung. Das ist die Lösung, die Endphase der Apartheid.

Ich habe an den Premierminister über das geschrieben, was ich nicht anders als eine teuflische Politik nennen konnte, diese Politik der Entwurzelung der Schwarzen. Ich erhielt ein höflich gehaltenes Antwortschreiben, in dem er im Grunde nur sagte, die Abschiebungen seien rechtens. Hier in Südafrika neigen wir zu der Auffassung, daß legal und moralisch rechtmäßig ein und dasselbe bedeuten.

## Die Kosten

Die Kosten dafür, in Begriffen menschlichen Leidens veranschlagt, sind unermeßlich. Unterernährung und Hunger haben ernste Folgen für heranwachsende Kinder. Sie können, so sagt man uns, unheilbare Gehirnschäden davontragen. Die *Financial Mail* brachte am vorigen Freitag einen Artikel unter der Überschrift *Unökonomische Unterernährung*, in dem es heißt: «Niemand kann, von menschlichen Erwägungen einmal ganz abgesehen, die Kosten veranschlagen, wenn eine Generation körperlich und geistig verkümmert heranwächst; die augenblickliche Gleichgültigkeit in dieser Sache ist eine falsche Wirtschaftspolitik, die das Land jährlich Millionen von Rand für Krankenhausrechnungen kostet ... Es wird viele Jahre in Anspruch nehmen, die eigentliche Ursache dafür, nämlich Armut, Arbeitslosigkeit, das Kontraktarbeitersystem, Unwissenheit und die übervölkerten, aber unterentwickelten Bantustans, zu beseitigen ... Aber diese Nebenprodukte der Apartheid werden eine nationale Aufgabe bleiben.» (*FM* vom 21. März 1980) Und diese Aufgabe möchte die Regierung den Bantustans zuschieben, die gar nicht in der Lage sind, mit den Problemen fertigzuwerden.

Dr. Nash hebt die psychologischen Auswirkungen hervor, die die traumatische Erfahrung jedweder Entwurzelung, insbesondere aber die Zwangsumsiedlung hat. Was für einen Preis haben die menschlichen Wesen zu bezahlen, die in tiefste Verzweiflung gestürzt werden, teilnahmslos herumsitzen müssen und nichts zu tun haben, obwohl sie durchaus arbeitsfähig sind, und sich sagen müssen: ‹Wir leben nur, um zu sterben›?

Aber wie berechnen wir die Kosten in Begriffen von Verbitterung, Zorn, Frustration und sogar Haß, die wir unseren Kindern hinterlassen? In diesem Referat habe ich vieles von dem beschrieben, was uns Schwarzen in diesem Lande im Verlaufe mehrerer Jahrzehnte an Unterdrückung, Ausbeutung und Entrechtung widerfahren ist. Es ist, glaube ich, geradezu ein Gnadenwunder Gottes, daß Schwarze überhaupt noch mit Weißen reden, und zwar mit Weißen überhaupt. Es ist ein Wunder von Gottes Gnaden, daß Schwarze immer noch sagen, wir wollen ein Südafrika ohne Rassenschranken für Schwarz und Weiß gemeinsam, es ist ein Wunder von Gottes Gnaden, daß Schwarze immer noch sagen können, daß sie sich weiterhin in den Dienst von Gerechtigkeit und Versöhnung stellen und daß sie das Blutbad verhindern wollen, das zunehmend unvermeidlicher erscheint, da wir in der Frage der Beteiligung an der Macht wenig Flexibilität und Nachgiebigkeit bemerken. Man erzählt uns, daß es den Buren sehr schwergefallen ist, zu vergeben oder gar zu vergessen, was die Briten ihnen in den Konzentrationslagern angetan haben. Ich wünsche hier festzustellen, daß es den Schwarzen sehr schwerfallen wird, zu vergeben oder gar zu vergessen, was Weiße uns in Sachen Bevölkerungsabschiebungen angetan haben und immer noch antun.

Jeder Schwarze lebt in ständiger Ungewißheit. Nicht nur die Illegalen; kein Schwarzer, auch wenn er einen Pachtvertrag hat, kann wirklich seines Bleibens sicher sein. Selbst ich, ein Bischof in der Kirche Gottes und Generalsekretär des Südafrikanischen Kirchenrats, besitze keinerlei Sicherheit. Der Stadtverwalter könnte in seiner Weisheit zu dem Schluß kommen, daß mein weiterer Verbleib in Soweto nicht im Interesse von Ruhe und Ordnung sei, und mir mit einem Federstrich die Aufenthaltsgenehmigung entziehen. Jeder von uns hat ein solches Damoklesschwert über seinem Haupte hängen. Ich nehme an, viele Weiße wissen das nicht, oder falls sie es wissen, interessiert es sie nicht weiter.

## Was die Kirche tun kann

Es gibt langfristige und kurzfristige Lösungen. Kurzfristig besteht die Strategie darin, gegen alle Abschiebungen Widerstand zu leisten. Wir schlagen vor, daß Eingaben bei den Behörden gemacht werden, um sie davon zu überzeugen, daß sie ab sofort damit aufhören müssen. Wenn wir von irgendwelchen bevorstehenden Deportationen erfahren, laßt uns tun, was in unserer Macht steht, um sie zu verhindern. Falls all unsere Bemühungen, die Behörden umzustimmen, scheitern, dann sollten wir persönlich am Ort des Geschehens gegenwärtig sein als Kirche, die Zeugnis ablegt und Erbarmen bekundet. Wir müssen alle gewaltlosen Methoden einsetzen, um die Abbruchaktion zu behindern.

Wir sollten die Menschen in den Umsiedlungslagern möglichst mit allem versorgen, was sie benötigen – Nahrungsmittel, Wolldecken usw. Und die Kirche sollte dabei hilfreich sein, diese unter Schock stehenden Menschen gesund zu machen, indem sie als dienende Kirche den Gemeinschaftsgeist entwickeln hilft und indem sie den Menschen dabei behilflich ist, sich selbst zu helfen.

Bevölkerungsdeportationen und die Entwurzelung von Menschen sollten allerhöchste Aufmerksamkeit genießen, denn sie gehören zu der totalen Strategie der Nationalisten. Die Kirche wird im Zuge der Durchführung der Bantustan-Politik zersplittert. Diese Politik hat sehr ernste theologische Auswirkungen auf die Einheit und den Zusammenhalt der Kirche. Wie kann ein Diener der Kirche seine Amtspflichten treu erfüllen, wenn er sich ständig mit Sanktionen bedroht sieht, falls er sich nicht an eine bestimmte politische Linie hält? Die sogenannte städtische Kirche ist betroffen. Die Kosten für den Wiederaufbau von Kirchengebäuden und Kirchengemeinden sind so hoch, daß es einem die Sprache verschlägt; die Kirche wird auseinandergerissen. ‹Wenn ein Körperteil zu Schaden kommt, nimmt der gesamte Körper Schaden ...›

Langfristig muß die Lösung politisch ausfallen. Kein Weg führt daran vorbei. Entweder es kommt zur Beteiligung an der Macht oder nicht. Falls es nicht dazu kommen sollte, müssen wir jede Hoffnung auf eine friedliche Beilegung der Krise in Südafrika fahren lassen. Falls die Regierung entschlossen ist, mit der Balkanisierung Südafrikas nach ethnischen Gesichtspunkten fortzufahren und Schwarze ihrer südafrikanischen Staatsbürgerschaft zu berauben, dann sind wir geliefert; die vielberufene gräßliche Alternative wird alle ereilen. Bevölkerungsdeportationen müssen ab sofort eingestellt werden, wenn uns die Möglichkeit verbleiben soll, auf ein neues Südafrika hinzuarbeiten; und die Kirche sollte sich in erster Linie damit befassen, uns alle auf dieses neue Südafrika vorzubereiten.

Es bietet sich uns immer noch eine Gelegenheit, aber wenn wir sie ungenutzt vorbeigehen lassen, wird sie für immer dahin sein. Weder die modernsten Waffen noch die besten Streit- und Polizeikräfte werden dem weißen Südafrika wirkliche Sicherheit garantieren, denn die wird erst kommen, und zwar automatisch, wenn wir alle, Schwarze wie Weiße, wissen, daß wir als gleichwertig gelten im Land unserer Geburt, das wir leidenschaftlich lieben. Bitte, Gott, wir flehen dich an, mach, daß sie auf uns hören, bevor es zu spät ist.

Weißes Südafrika, laß dir bitte sagen, daß du dich täuschst oder täuschen läßt, falls du meinst, daß unsere augenblickliche Gesellschaftsordnung Bestand haben kann. Die Schwarzen werden frei sein, gleich was du tust oder zu tun unterläßt. Laß keinen Zweifel an dem *Wann* und dem *Wie*. Zögere unsere Freiheit nicht länger hinaus, die auch deine eigene Freiheit ist, denn Freiheit ist unteilbar. Laß es jetzt geschehen und laß es einigermaßen friedlich vonstatten gehen. Wie schon die Studenten der Witwatersrand Universität, so fordere ich alle Weißen auf, sich dem Freiheitskampf anzuschließen, auf der Seite Gottes für Gerechtigkeit, Frieden, Rechtschaffenheit, Liebe, Freude, Lachen, Mitleid, Erbarmen und Versöhnung.

Dies ist die Vision, die mich aufrechterhält:

‹Darnach sah ich, und siehe, eine große Schar, welche niemand zählen konnte, aus allen Heiden und Völkern und Sprachen, vor dem Stuhl stehend und vor dem Lamm, angethan mit weißen Kleidern, und Palmen in ihren Händen, schrieen mit großer Stimme und sprachen: Heil sei dem, der auf dem Stuhl sitzt, unserm Gott, und dem Lamm! Und alle Engel stunden um den Stuhl und um die Ältesten und um die vier Tiere, und fielen vor dem Stuhl auf ihr Angesicht, und beteten Gott an, und sprachen: Amen, Lob und Ehre und Weisheit und Dank und Preis und Kraft und Stärke sei unserm Gott von Ewigkeit zu Ewigkeit! Amen!›

Möge sie wahr werden für unser Land.

*März 1980, Diakonia, Durban*

# Die weiße Opposition

Der Titel ist in dieser Form etwas unklar. Sollen wir die ganze Skala der weißen Opposition gegen das Establishment behandeln, oder sollen wir lediglich die parlamentarische Opposition erörtern? Das erste würde bedeuten, daß wir die Rolle der sogenannten rechten Opposition gegen die Nationalisten zu untersuchen hätten, aber auch die Rolle von weißen Organisationen wie *Black Sash* (Schwarze Schärpe) mit ihren hervorragenden Verdiensten um die Opposition gegen die vorherrschende politische Linie in die Untersuchung einbeziehen müßten.

Da dies ein Artikel für eine Zeitschrift der PFP (Progressive Föderale Partei) ist, neige ich zu der zweiten Interpretation: Opposition mit einem großen O im Sinne der offiziellen Opposition im Rahmen des Westminster-Systems der parlamentarischen Demokratie, deren wir uns in Südafrika zu erfreuen scheinen. Ich habe mit Vorbedacht «scheinen» gesagt, denn diejenigen, die die PFP verurteilen wegen ihrer fortgesetzten Mitarbeit im Parlament, tun dies mit dem Argument, daß sie lediglich daran mitarbeite, die Illusion zu fördern, daß Südafrika wenigstens das äußere Drum und Dran einer Demokratie habe, die Fassade einer ordnungsgemäß und demokratisch gewählten Regierung und einer regulär gewählten Opposition. Dies gestatte es der Regierung, so sagen diese Kritiker weiter, zu behaupten, daß Südafrika nicht wie die lateinamerikanischen Bananenrepubliken oder wie die Militärregime Afrikas und anderer Teile der Welt sei, und daß es mit Recht für sich in Anspruch nehmen könne, zur westlichen Welt zu gehören, die, so wird nachdrücklich betont, großen Wert auf demokratische Einrichtungen legt. Aber dazu später mehr.

Es wird einfacher sein, das Thema so zu behandeln, daß es hauptsächlich die offizielle Opposition betrifft, und nicht Opposition überhaupt. Außerdem meine ich, daß wir die sogenannte Rechtsopposition kaum als Opposition betrachten können; denn ihr Ziel ist nicht der Abbau der Apartheid und die Schaffung einer neuen Gesellschaftsordnung in der Republik Südafrika; sie haben keine Gesellschaftsordnung im Sinn, in der es als ebenso lächerlich und absurd angesehen würde, den Wert einer Person nach Rasse und Hautfarbe einschätzen zu wollen, wie es zum Beispiel absurd wäre, das aufgrund der Nasenlänge oder der Augenfarbe zu tun. Man stelle sich ein Land vor, in dem die Befähigung zum Besuch einer Universität davon abhängig gemacht würde, ob man eine lange Nase hat oder nicht, und in dem man, wenn man keinen derartigen Rüssel besäße, dann eine Sondererlaubnis zum Besuch dieser Einrichtung der Gelehrsamkeit brauchte, die denen mit langen Nasen vorbehalten ist.

Eine wirkliche Opposition würde eine radikale Alternative zu der bankrotten und fruchtlosen Politik unserer gegenwärtigen Herrscher bieten und einsehen, daß die einzige Hoffnung für dieses schöne Land darin besteht, eine Politik zu verfolgen, die die Würde der Menschen achtet, weil sie eben Menschen von unschätzbarem Wert sind, da sie nach dem Bilde des dreieinigen Gottes geschaffen wurden. Ihr Wert ist nicht davon abhängig, ob sie unersättliche Verbraucher oder Produzenten sind oder nicht, sondern einzig und allein davon, daß Gott sie mit unveräußerlichen Rechten ausgestattet hat, wie dem Recht auf Sicherung gegen Armut und Krankheit, der Freiheit zur Parteibildung, dem Recht auf Arbeit und ein anständiges Familienleben, Gedanken- und Religionsfreiheit und dem Recht auf Freizügigkeit. Der sogenannte rechte Flügel versucht lediglich, die Durchsetzung der Apartheidpolitik auszuweiten und zu intensivieren, und er sollte deshalb als ein Ableger der Apartheidkrämer, der Nationalisten, angesehen werden.

Wir sollten dem Gerede von der Handlungsunfähigkeit des Herrn P. W. Botha aufgrund seiner Angst vor dem rechten Flügel keinen Glauben schenken. Die letzte Wahl hat gezeigt, daß es so etwas wie Einheit der Buren nicht mehr gibt; und dieser Premierminister sollte Halleluja singen, daß er diesen Mühlstein losgeworden ist. Die Rechte wird er nie zufriedenstellen, denn jedes Zugeständnis, das er ihr macht, steigert lediglich ihren Appetit. Mit seiner Mehrheit sollte er ganz entschieden radikale Reformen anstreben; er sollte sich nicht nur mit bloßen Randerscheinungen der Apartheid befassen und sollte nicht durch kosmetische Eingriffe ein Ungeheuer in eine Schönheit zu verwandeln versuchen. Das schafft niemand.

## Eine wirkliche Opposition

Die Opposition hat versucht, eine radikale Alternative zur Apartheid zu bieten, und verfügt gewiß über die Vorstellung einer nichtrassischen südafrikanischen Gesellschaft, in der menschliche Wesen als solche gewürdigt werden, in der das Legalitätsprinzip herrscht, so daß die Exekutive nicht durch willkürliche Beschlüsse regieren kann, und in der die *Habeas corpus*-Regel Gültigkeit besitzt. Damit hat sie den ersten und wichtigsten Test bestanden, um als Opposition anerkannt zu werden.

Ich habe allerdings Fragen hinsichtlich der Einzelheiten in den Verfassungsvorschlägen, die die PFP gemacht hat, insbesondere bezüglich des Vetorechts von Minderheiten; das nämlich scheint ein Mittel zu sein, um ein Denken, das sich an ethnischer Klassifizierung orientiert, durch die Hintertür wieder zuzulassen, und wir Schwarze (die meisten von uns) verabscheuen so etwas aus tiefster Seele. Sicherlich würde eine Menschenrechtscharta, die vor allem individuelle und weniger kollektive Rechte garantiert, der Forderung genügen, die diese Verfassungsbestimmung abdecken möchte. Aber ich will mich nicht in Haarspaltereien ergehen, denn insgesamt finde ich die Vorschläge weitgehend annehmbar. Ich habe gewiß nicht vor, irgend jemandem meine Meinung aufzuzwingen. Ich möchte auch niemanden ins Meer werfen. Die PFP ist also eine legitime Opposition im eigentlichen Sinne.

## Rolle der Opposition?

Es gibt viele radikale Jugendliche, schwarze wie weiße, die die Existenz der PFP als parlamentarische Opposition in Frage stellen. Ihr Argument ist, daß Südafrika keine Demokratie im üblichen Sinne des Wortes ist, wonach alle erwachsenen Menschen das Wahlrecht besitzen und für ein öffentliches Amt wählbar sind. Südafrika ist eine rassische Oligarchie; die PFP aber hilft dadurch, daß sie im Parlament mit einigen Vertretern präsent ist (und deren Anzahl ist inzwischen größer geworden), den illusorischen Eindruck zu vermitteln, daß Südafrika eine parlamentarische Demokratie ist, obwohl alles in Wahrheit doch nur Fassade ist und die Wirklichkeit ganz anders aussieht.

In Kapstadt wird eine Farce aufgeführt, denn es gibt kaum etwas, das die Regierung nicht aufgrund ihrer überwältigenden Mehrheit im Parlament durchboxen könnte. Die PFP sollte diese Kritik nicht einfach leichthin abtun. Unsere Herrschenden sind erwiesenermaßen Meister darin, den Schein für das Wesen der Dinge auszugeben und Spielchen zu treiben. Zum Beispiel genießen sie es, ihre ausländischen Kritiker damit zum Schweigen zu bringen, daß sie eine relativ freie Presse zulassen, was vor dem Hintergrund dessen, was andernorts in Afrika geschieht, Südafrika dem westlichen Lager zuzuschlagen scheint. Im Augenblick sollten wir nicht über die erheblichen Beschränkungen reden, die den Medien auferlegt sind, auch nicht über die von ihnen praktizierte überängstliche Selbstzensur. Wir haben in der Tat eine relativ unabhängige Presse, und das ist eine Ungereimtheit, die einem direkt ins Auge springt angesichts der generell repressiven Atmosphäre in unserem Land. Unsere Regierung erläßt Gesetze gegen Kommunisten und redet von Terrorismus und von freier Wirtschaft, so daß man im Ausland dazu neigt, zu sagen, Südafrika teile die westlichen Wertvorstellungen. Wenn man dann noch hinzufügt, daß es im Parlament eine Opposition gibt, dann ist der Propagandafeldzug bereits gewonnen. Ich glaube, die PFP ist gelegentlich demonstrativ aus dem Parlament ausgezogen, weil man ihr halbherzigen Patriotismus vorgeworfen hatte. Ich habe den Verdacht, die Regierung war geschockt durch dieses Manöver. Es könnte durchaus sein, daß der wirkungsvollste Schachzug der Opposition darin bestehen könnte, aus dem Parlament auszuziehen und draußen zu bleiben, falls sich herausstellen sollte, daß die Regierung unbeweglich und völlig festgefahren ist.

Ich vermute, die Opposition könnte das Argument bringen, sie habe eine positive Rolle zu spielen. Erstens repräsentiert sie einen bedeutsamen andersdenkenden Sektor der weißen Bevölkerungsgruppe; und in einem Land, das kaum eine nennenswerte Tradition der Ausübung des Rechts auf abweichende Meinung hat (mit der bemerkenswerten Ausnahme von *Black Sash*), läßt sich eine Menge dafür sagen, daß es wichtig ist, allein schon der Stimme der Vernunft Gehör zu verschaffen.

Weiterhin ließe sich argumentieren, daß die Opposition den Auffassungen der Millionen, die keine Stimme haben, ihre Stimme leiht, indem sie sich bemüht, soweit sie kann, die Erwartungen, Hoffnungen und Befürchtungen der schwarzen Bevölkerung zu artikulieren.

Drittens ist es denkbar, daß die Regierung trotz ihrer gewaltigen Mehrheit durch die Debatte im Parlament wenigstens für kurze Zeit aufgehalten wird und nicht einfach über alle Einwände hinweggehen kann, da sie dem Parlament in irgendeiner Form doch Rechenschaft ablegen muß. Häufig kann sie das Parlament zwar übergehen, indem sie behauptet, daß es nicht im öffentlichen Interesse sei, dies oder jenes zu enthüllen; doch selbst wenn sie das tut, empfindet sie, möchte ich vermuten, leichte Gewissensbisse – oder sollte sie dessen nicht mehr fähig sein?

Viertens ist es den Nachfragen der Opposition zuzuschreiben, daß es zu Vorgängen wie dem Informationsskandal und dessen interessanten Auswirkungen gekommen ist. Es läßt sich argumentieren, daß die Regierung ohne die anspornenden Aktivitäten der Opposition nur allzu bereit gewesen wäre, die geheime Absprache zwischen dem Premierminister und einem hohen Kabinettsminister – von der sie wußte – mit Stillschweigen zu übergehen; auch, daß sie weniger entgegenkommend gewesen wäre im Umgang mit der Öffentlichkeit und dem Parlament.

Fünftens hätte es keine Helen Suzman gegeben. Kann man sich eine freud- und trostlosere Aussicht vorstellen?

Sechstens könnte man sagen, die PFP gibt den Schwarzen Hoffnung, weil sie ihnen erlaubt zu sagen: Nicht alle Weißen sind schlecht.

Dennoch, je stichhaltiger die Argumente dafür sind, daß die Opposition eine wirkliche Rolle zu spielen hat, um so eher läßt sich auch sagen, daß sie dem System Glaubwürdigkeit verleiht und besagt, daß es so schlimm nicht sei. Durch sie kommt es zu ausführlichen Debatten und Streitgesprächen, und das ist etwas, das die Außenwelt dann denken läßt, man sollte sich einmal auf seinen Geisteszustand hin untersuchen lassen, wenn man erklärt, daß dies Land erfolgreich als Polizeistaat kandidieren kann oder jedenfalls einem solchen Staat schon so nahekommt, daß die Unterschiede bereits belanglos geworden sind. Die Opfer der Apartheid haben nicht viel übrig für akademische Feinheiten. Sie erfahren die Apartheid als ein bösartiges System, und es könnte sein, daß sie eines Tages die PFP dafür verurteilen, an ihrer Unterdrükkung beteiligt gewesen zu sein, wennschon zugegebenermaßen in bester Absicht und ohne bösen Willen.

## Schlußfolgerung

Die PFP wird tatsächlich bald darüber zu entscheiden haben, ob sie an der Farce mitwirken will, die die Architekten der Apartheid beschlossen haben.

Ich habe im vorigen Jahr vorausgesagt, daß wir innerhalb der nächsten fünf bis zehn Jahre einen schwarzen Premierminister haben werden. Ein Jahr ist inzwischen vergangen. Uns bleibt nicht mehr viel Zeit übrig. Wird es einigermaßen friedlich geschehen oder mit Gewalt und Blutvergießen? Das ist der Hintergrund, auf dem die PFP und die weißen Apartheidgegner sich entscheiden müssen.

# Die schwarzen Südafrikaner und die Reagan-Regierung

## Präambel

Ein Betrunkener, so geht die Geschichte, überquerte die Straße, sprach einen verblüfften Fußgänger an und fragte: «Sagen Sie mir, welches ist die andere Straßenseite?» Verwundert entgegnete der Fußgänger: «Jene Seite natürlich.» «Komisch», sagte der Betrunkene, «als ich auf jener Seite war, sagte man mir, es wäre diese Seite.»

Die andere Straßenseite bestimmt sich immer danach, wo man gerade ist. Was man sieht und wie man es sieht, hängt sehr davon ab, wer man ist und wo man sich existentiell befindet. Eine Regel über Südafrika, die die Gültigkeit eines Euklidschen Axioms besitzt, das beinahe unweigerlich gilt, besagt: In jeder x-beliebigen wichtigen Frage kann man davon ausgehen, daß die meisten weißen Südafrikaner auf der einen Seite stehen, während die Mehrheit der schwarzen Südafrikaner auf der anderen zu finden ist. Die meisten weißen Südafrikaner sprechen zum Beispiel von Terroristen und billigen jede Maßnahme, um das Treiben dieser blutrünstigen Umstürzler zu unterbinden, während die meisten Schwarzen dieselbe Personengruppe als Freiheitskämpfer oder wenigstens als Guerillas oder Aufständische bezeichnen.

Schwarze wußten aufgrund dieser Regel, daß sie in Schwierigkeiten waren, als ihre weißen Mitbürger vor Freude außer sich gerieten, als Herr Reagan vor mehr als einem Jahr die Präsidentschaftswahlen gewann. Aber hatten die Schwarzen überhaupt Grund, sich so am Boden zerstört zu fühlen? Ziel dieses Referats ist es, die Einstellungen der Schwarzen gegenüber der Reagan-Regierung darzustellen und zu zeigen, daß diese Einstellungen nicht unbegründet sind.

Wir wußten von Anfang an, daß wir wirklich in Schwierigkeiten waren. Eine Namibia-Konferenz war nach Genf einberufen worden, und fast jedermann glaubte, daß es nur noch darum ginge, einige Kleinigkeiten auszubügeln, und daß die Vereinten Nationen sehr bald nach der Januarkonferenz in Namibia sein würden. Fast jedermann war schockiert, als die internen Parteien, die offensichtlich als Strohmann der südafrikanischen Regierung auftraten, ganz wesentliche Einwände gegen die Vorschläge von Genf erhoben. Die Südafrikaner hatten das

Signal des Wahlausgangs in Amerika richtig verstanden. Sie hatten zu Recht vermutet, daß ein Wechsel im Weißen Haus zu einer Politik der Verständigung mit den Verfechtern der Apartheid führen würde, eines Systems, das die Schwarzen für das bösartigste System seit dem Nationalsozialismus halten. Und deshalb wurden Südafrika und seine Marionetten unnachgiebig; sie erhoben Einwände, von denen niemand erwartet hatte, daß sie einer Regelung der Namibia-Frage im Wege stehen könnten. Die Südafrikaner torpedierten die Gespräche von Genf, weil sie glaubten, mit dem Einzug des Präsidenten Reagan ins Weiße Haus einen Vorteil gewonnen zu haben. Und sie sollten recht behalten. Es war der Anfang einer ganzen Reihe von Rückschlägen für die Erwartungen und Hoffnungen der Schwarzen. Stellen Sie sich vor, es sind schwarze Kinder nicht anders als amerikanische Kinder, die ins Exil gehen müssen, und die im sogenannten Operationsgebiet sterben, während Südafrika, unterstützt vom Führer der sogenannten freien Welt, in Debatten über die Unparteilichkeit oder den Mangel daran in den Vereinten Nationen Punkte sammelt. Wenn es nicht so tragische Konsequenzen hätte, könnte man sich amüsieren darüber, wie Südafrika die freien Wahlen in Namibia verzögert, indem es kategorisch erklärt, daß es keine marxistische Regierung in jenem Land dulde. Wie sollen denn die Wahlen wohl frei sein, wenn Südafrika für die Namibianer entscheidet, was gut für sie ist! Das stimmt genau mit den Vorstellungen überein, die man innerhalb der Republik von Südafrika von Selbstbestimmung hat.

## Konstruktives Engagement

Reagans Leute argumentierten eigentlich plausibel, wenn sie sagten, Präsident Carter hätte kaum etwas erreicht mit seinen Versuchen, Druck auf Südafrika auszuüben, um dessen miserable Menschenrechtssituation zu verbessern. Man argumentierte, daß Druck die Buren und die meisten weißen Südafrikaner lediglich verärgere und unzugänglich mache für gutes Zureden, sie möchten doch das Los der Schwarzen erleichtern und die quietschenden Lager ihres politischen Systems ein wenig schmieren, das vom Rest der Welt einmütig als ein System des Unrechts, der Ausbeutung und der Unterdrückung verdammt wurde. Die weißen Südafrikaner würden störrisch und bockig werden und sich in ihr *laager* zurückziehen, um von dorther der Welt Grimassen zu schneiden, wenn man sie so anfasse. Es wurde behauptet, daß Präsident Carter und sein beredter Botschafter bei den Vereinten Nationen eigentlich nichts weiter erreicht hätten, als ihr eigenes Gewissen zu besänftigen, indem sie sich als Moralapostel aufspielten – vielleicht sogar, um sich so bei der Dritten Welt einzuschmeicheln und lieb Kind zu machen, vor allem in Afrika. Ansonsten aber wären sie mit völlig leeren Händen aus der Auseinandersetzung mit Südafrika hervorgegangen. Solcher Druck, so argumentierten die Reagan-Leute, wirkte nicht, ebensowenig wie wirtschaftliche Repressalien oder Sanktionen. Die hätten auch nicht vermocht, Ian Smith in die Knie zu zwingen. Das sei erreicht worden, indem man sich der Hilfe Südafrikas versicherte. Die Strategie Carters war demnach weitgehend nichts als leere Rhetorik, die ein geringes Verständnis von den geopolitischen Realitäten im südlichen Afrika verriet.

Jeder vernünftige Mensch würde sagen, wenn eine Methode nicht zum Erfolg führt, dann ist es völlig normal, die Strategie zu überdenken und es anders zu versuchen. Es gab also theoretisch nichts auszusetzen an der Haltung der neuen Regierung. Die wollte, daß sich etwas bewegte in der Namibia-Angelegenheit. Sie bekräftigte ihr Festhalten an der Resolution 435 der Vereinten Nationen. Aber sie wußte, daß nicht die geringste Chance bestand, diesen Beschluß ohne die Mitwirkung Südafrikas in die Tat umzusetzen. (Ich vermute, die Revision dieser Politik ist inzwischen abgeschlossen; als ich im vorigen Jahr in den Vereinigten Staaten war, hat es mich doch verwundert, daß kaum einer von denen, die Schlüsselpositionen im Bereich der Afrikapolitik innehatten, tatsächlich jemals in Afrika gewesen war; sie gestanden ein, daß ihre Kenntnis der Tatsachen minimal war. Hat sich das inzwischen geändert?) Die Reagan-Regierung war entschlossen, Südafrika zu signalisieren, daß in den Beziehungen zwischen den beiden Ländern Tauwetter bevorstehe. Die öffentlichen Bekundungen amerikanischer Empörung über Südafrikas eklatante Menschenrechtsverletzungen würden künftig milder ausfallen. Jedenfalls wurde die Menschenrechtsfrage aufgrund der von Herrn Reagan selbst gesetzten Prioritäten heruntergespielt. Amerika wollte sich nicht weiterhin als Weltpolizist aufführen.

Tatsächlich hat die Reagan-Regierung nicht nur im großen und ganzen davon abgesehen, Südafrika für seine Menschenrechtsverletzungen zu tadeln, sondern sie hat sogar bei vielen Anlässen Südafrika für Dinge belobigt, die wir Schwarzen alles andere als löblich fanden. Im ersten Jahr seiner Amtsführung sagte Herr Reagan sogar, daß die Vereinigten Staaten Südafrika nicht die kalte Schulter zeigen und einen alten Freund nicht im Stich lassen würden, der oft Seite an Seite mit den Vereinigten Staaten gekämpft habe. Er hat diese außergewöhnliche Bemerkung kürzlich wiederholt. Die Schwarzen sind nicht nur verblüfft darüber, sondern völlig baff. Jemand braucht Nachhilfestunden in Geschichte, denn jedermann weiß doch oder sollte doch wissen, daß viele Buren im Zweiten Weltkrieg dagegen waren, den Krieg der Engländer mitzumachen, wie sie es sahen. Herr B. J. Vorster, ehemaliger Premierminister und Staatspräsident, und sein Vertrauter, General van der Bergh, vormals Chef des sogenannten Büros für Staatssicherheit *(BOSS)*, waren während des Kriegs wegen ihrer Sympathien für die Nazis interniert. Die weiße reformierte Kirche wies jeden ab, der in Uniform zum Gottesdienst erschien. Während insbesondere die Buren auf einen Sieg der Nazis hofften, sollten aber die schwarzen Südafrikaner, nur mit Speeren bewaffnet, es mit Rommels Afrikakorps aufnehmen, denn selbst unter General Smuts war Südafrika eine rigoros segregierte Gesellschaft. Schwarze Männer setzten ihr Leben aufs Spiel (im Ersten Weltkrieg büßten viele Schwarze ihr Leben ein, als das Schiff «Mendi» im Kanal unterging), hauptsächlich weil man ihnen für die Zeit nach dem Kriege eine neue Gesellschaft in ihrem Geburtsland versprochen hatte. Ihnen wurde gesagt, sie kämpften für Freiheit und Befreiung. Es ist bitter bis dorthinaus, daß diejenigen, die die Kriegsanstrengungen zu hintertreiben suchten, nunmehr mit offenen Armen aufgenommen werden, während die Nachkommen derer, die bereit waren, das größte Opfer zu bringen, so schäbig beiseite geschoben werden.

Herr Reagan ist offenbar über den sowjetischen Expansionismus besorgt, und in seiner Außenpolitik wird beinahe alles andere diesem geradezu krankhaften Bestreben untergeordnet, die Flut des Kommunismus einzudämmen. Jede Regierung, mag sie noch so unterdrückerisch sein, die sich gegen den Kommunismus und gegen den angeblichen Wunsch der Sowjets nach globaler Vorherrschaft wendet, wird zu einem Lieblingskind der Regierung in Washington. Es war deshalb gewiß kein Zufall, daß das erste Staatsoberhaupt, das Präsident Reagan nach seiner Amtsübernahme begrüßte, an der Spitze des scheußlichen und repressiven Regimes in Südkorea steht, wo viele christliche Führer mit anderen im Gefängnis leiden, weil sie gegen die totalitäre Herrschaft der Regierung opponieren. Das wird als wohlverstandenes Eigeninteresse beschrieben; aber die Opfer von Ungerechtigkeit und Unterdrückung in der ganzen Welt sind zutiefst entsetzt, daß der Führer der freien Welt denen mit Achtung und Wohlwollen begegnet, die die bösartigsten Herrschaftssysteme der ganzen Welt errichtet haben. Es mutet bizarr an, ein Land, das auf den Prinzipien der Gerechtigkeit und Freiheit begründet wurde, so häufig in Gesellschaft der am wenigsten freien Regierungen der Welt zu sehen. Es ist ganz unglaublich, daß die Vereinigten Staaten Regime stützen, die so ungerecht und repressiv sind, daß diejenigen, die getötet wurden, um diese Regierungen an der Macht zu halten, zum Himmel nach Rache schreien. Man sehe sich nur an, was in El Salvador und anderen Teilen Lateinamerikas geschieht. Ist nicht der Preis für das wohlverstandene Eigeninteresse Amerikas tatsächlich zu hoch, wenn man dafür die Entfremdung der einheimischen Bevölkerung dieser Länder in Kauf nehmen muß, die unter dem Joch korrupter und bösartiger Männer stöhnen, die von der mächtigsten Nation im Westen unterstützt werden? Was die Aufrechterhaltung der Menschenrechte und der Gerechtigkeit in anderen Ländern betrifft, sind die bisherigen Leistungen der Vereinigten Staaten entsetzlich schlecht – was für eine Paradoxie! Mir scheint, daß Eigeninteresse, ob es nun das einer Nation oder eines einzelnen ist, letztlich sich selbst schadet, wie unser Herr uns erklärt hat; und wir sprechen von solchen, die sich auf ihr Christentum eine Menge einbilden, nicht von Heiden.

Die südafrikanische Regierung erkannte ganz schnell, daß von Reagan Gutes zu erwarten war, und erklärte eilig von sich aus, daß es die letzte Bastion der westlichen christlichen Zivilisation, ein Bollwerk gegen das beinahe unaufhaltsame Vordringen des räuberischen Kommunismus sei. Ein Gesetz zur Unterdrückung des Kommunismus hatte sie schon in ihrem Gesetzbuch, lange bevor «MacCarthy» zum Begriff wurde. Das Ausland hielt sich nicht dabei auf, die Definition von Kommunismus in diesem Gesetzeswerk zu überprüfen; es wurden auch nicht skeptisch, als dessen Bestimmungen auf engagierte Christen angewendet wurden, die unerbittliche Gegner der Apartheid waren. Nein, es genügte völlig, daß es da diesen aggressiven Verbündeten gab, der die Seewege von sowjetischem Einfluß freihalten würde. Ähnlich ist es auch kein bloßer Zufall, daß die südafrikanische Regierung darauf beharrt, den Begriff «Terrorist» auf die anzuwenden, die anderswo als Freiheitskämpfer oder wenigstens Aufständische bezeichnet werden. Die freie Welt wird von Terroristen geplagt, in Nordirland, in Westdeutschland, in Italien vor allem, und sie haben die Nase voll von allen, die sie als gesetzloses Gesindel ansehen. Sie machen keinen Unterschied zwischen denen, die legitime Möglichkeiten haben, ihre Ansichten zu vertreten, die sie nicht nutzen, und zwischen jenen, die diese Möglichkeit nicht besitzen. Die Vereinigten Staaten sind darauf versessen, Südafrika als einen Verbündeten zu hofieren, obwohl das nur auf Kosten ihrer Glaubwürdigkeit in den Augen der Dritten Welt geht.

Die Vereinigten Staaten möchten die Kubaner aus Angola entfernt sehen. Sie betrachten sie als sowjetische Statthalter. Die Probleme im südlichen Afrika sind, das hat die Frage der kubanischen Präsenz in

Angola deutlich gezeigt, miteinander verzahnt. Solange die Namibia-Frage nicht gelöst ist, werden die Angolaner SWAPO weiterhin Stützpunkte einräumen, und Südafrika wird diese weiterhin angreifen durch militärische Überfälle in Angola. Die Angolaner sind nicht in der Lage, allein mit der schreckenerregenden militärischen Macht Südafrikas fertigzuwerden, die Südafrika erlangte dank des Entgegenkommens und der Komplizenschaft des westlichen Blocks, der dabei half, Südafrika bis an die Zähne zu bewaffnen. Angola wird deshalb die Kubaner als letzte Verteidigungslinie gegen die übermächtigen Südafrikaner im Lande behalten müssen. Folglich handeln die Vereinigten Staaten entgegen ihrer erklärten Absicht, die sowjetischen Marionetten auf dem afrikanischen Subkontinent loswerden zu wollen, wenn sie Südafrika nicht dazu bewegen können, in der Namibia-Frage schneller nachzugeben.

Die Vereinigten Staaten haben die dramatische Veränderung in ihrer Einstellung gegenüber Südafrika seit der Amtsübernahme des Präsidenten Reagan noch auf andere Weise signalisiert, die uns Schwarze entgeistert hat. Es war ein Zuwachs an Konsularbeamten und Militärattachés zu verzeichnen und die Weigerung, die Anwendung von wirtschaftlichem Druck auf Südafrika auch nur zu erwägen. Wir werden gleich noch auf dieses verwickelte Thema zurückkommen müssen. Auffällig eilfertig sind die Vereinigten Staaten zusammen mit anderen westlichen Ländern Südafrika zu Hilfe gekommen, um die Einführung obligatorischer Sanktionen der Vereinten Nationen zu verhindern. Mit merkwürdiger Begeisterung haben die USA über die Reformrhetorik Bothas geurteilt, die kaum irgendwo in die Tat umgesetzt worden ist. Die Psychologie, die hinter dieser Methode steckt, ist wirklich bewundernswert. Man gebe soviel Zucker wie möglich, um die verstockte Kreatur bei Laune zu halten und anzuspornen. Man werde wahrscheinlich so mehr erreichen, als wenn man den Knüppel aus dem Sack holt. Wenn diese Methode sich als erfolgreich erweisen sollte, könnte man die Schwarzen in Südafrika vielleicht sogar dazu überreden, zu Masochisten zu werden, die den Schmerz gern erleiden, weil er auf die Beseitigung der Apartheid abzielt. Die Regierung unter Präsident Reagan könnte die internationale Mißbilligung kurzfristig als vertretbar hinnehmen, weil sie am Ende damit auftrumpfen könnte, das erreicht zu haben, was der vorigen Regierung nicht gelungen ist.

Hat diese Strategie positive Ergebnisse gezeitigt?

Ich bin kein Fachmann in diesen Dingen, jedoch glaube ich, ohne Widerspruch befürchten zu müssen, sagen zu dürfen, daß zu diesem Zeitpunkt (um eine Floskel zu verwenden, die während einer bestimmten Epoche der gegenwärtigen Geschichte der Vereinigten Staaten eine gewisse Berühmtheit erlangte) diese Strategie ein Schlag ins Wasser gewesen ist, und zwar erkläre ich das ganz kategorisch. Für den Westen und für die Vereinigten Staaten ist es vordringlich gewesen, eine annehmbare Lösung für Namibia zu finden. Wir waren zur Zeit der gescheiterten Gespräche von Genf einer Lösung viel näher als heute. Statt für internationale Bemühungen um ein gerechtes Abkommen zugänglich zu sein und vernünftiger zu werden, verhalten sich Südafrika und dessen Marionetten in den internen Parteien genau entgegengesetzt. Sie sind unnachgiebiger geworden. Sie verstehen sich inzwischen geradezu meisterlich darauf, Einzelheiten in den Vorschlägen zu entdecken, die für sie unannehmbar sind. Sie sagen, SWAPO sei gänzlich unrepräsentativ. Das mag natürlich wahr sein; aber wenn sie ihren eigenen Worten glauben, dann bräuchten sie doch weiß Gott keine Angst vor dem Gang zu den Wahlurnen zu haben, weil sie eines Wahlsiegs sicher sein müßten. Ihre augenblickliche Strategie scheint den wahren Sachverhalt zu verraten, nämlich daß sie einen SWAPO-Wahlsieg im Stile Mugabes in Zimbabwe befürchten, und sie scheinen das Unvermeidliche so lange wie möglich hinauszögern zu wollen, in der Hoffnung, doch noch genug Reformen im Lande durchzuführen, um den internen Parteien wenigstens den Hauch einer Chance einzuräumen im Wahlkampf. Sie weigern sich einzusehen, daß freundschaftliche Beziehungen zu Südafrika in den Augen der Bevölkerung soviel bedeuten, wie mit dem Unterdrücker auf freundschaftlichem Fuße zu verkehren; es bedeutet Kollaboration mit denen, die beschuldigt werden, im Norden Namibias unaussprechliche Greueltaten verübt zu haben. Sollten die internen Parteien wider Erwarten doch die Wahl gewinnen, dann werden wir Schwarze in Südafrika wissen, daß es bei der Wahl ganz sicher nicht mit rechten Dingen zugegangen ist, und daß Namibia immer noch befreit werden muß, da es dann deutlich wäre, daß es Südafrika gelungen ist, Marionetten einzusetzen, mit Drähten, die in Pretoria gezogen werden. Die südafrikanische Regierung schaudert bei dem Gedanken an eine SWAPO-Regierung in Windhuk, voller Angst vor den Auswirkungen, die das auf Südafrika haben könnte. Sie hat Angst, daß die Erwartungen der Schwarzen hinsichtlich ihrer eigenen Freiheit dadurch ähnlich gesteigert würden, wie das nach der Befreiung von Moçambique, Angola und Zimbabwe der Fall war.

Außerdem hat sie Angst, daß das den Druck vom sogenannten rechten Flügel verstärken könnte, der diese Entwicklung als einen Ausverkauf der Weißen in Namibia hinstellen und für seine eigenen Zwecke ausbeuten würde. Deshalb werfen sie Sand ins Getriebe jeder sich bietenden Gelegenheit, wohl wissend, daß Präsident Reagan und seine Mannschaft sie weiterhin stützen werden. Inzwischen müssen, wie gesagt, unsere Kinder und deren Eltern in Namibia die Hauptlast des Krieges tragen, den die Rassisten angefangen haben.

Selbst wenn doch noch eine annehmbare Lösung gefunden werden sollte, werden wir Schwarze den Fünf kaum Dank wissen. Sie haben all die Jahre seit den Genfer Gesprächen dazu beigetragen, die Lösung zu verzögern. Die Lösung hätte längst erreicht sein können, und sie wäre wohl schon erreicht, hätten die Amerikaner nicht Reagan ins Weiße Haus gewählt.

Wir können alle die nicht mehr zum Leben erwecken, die so sinnlos sterben mußten. Aus welchem Grund also sollten wir denen Dank schulden, die Südafrika zu den völlig überflüssigen Wortgefechten ermuntert haben?

Konstruktives Engagement könnte vielleicht der Mühe wert sein, wenn es beispielsweise den Vereinigten Staaten so großen Einfluß auf Südafrika verschaffte, daß sie darauf dringen könnten, daß eine bestimmte Richtung zu verfolgen wäre und keine andere. Aber das scheint nicht einmal in Sachen Angola der Fall zu sein. Statt Südafrika davon abzuhalten, das Gebiet eines souveränen Landes anzutasten, scheint das genaue Gegenteil davon zu geschehen. Südafrika ist ungestraft unverfroren tief in Angola eingedrungen. Eine Untersuchung der Europäischen Wirtschaftsgemeinschaft spricht von an die 2000 solcher Übergriffe. In Südafrika herrscht eine starke Zensur hinsichtlich militärischer Angelegenheiten. Die Außenwelt erfährt mehr von solchen Dingen, während wir Südafrikaner nur das erfahren, was die Behörden durchgehen lassen, und natürlich sind das dort alles ehrenwerte Männer, die Nachrichten unverfälscht und frei von jeder Tendenz weitergeben! Wir wissen, daß ausländische Nachrichtenmedien haarsträubende Berichte von Greueltaten an der Zivilbevölkerung Angolas und an Flüchtlingen brachten; Taten, die in Südafrika gemeinhin als Kampfhandlungen mit SWAPO-‹Terroristen› hingestellt werden. Sogar Dr. Savimbi, der das Wohlwollen der Reagan-Regierung zu genießen scheint, hat kürzlich Südafrika verurteilt; aber die Südafrikaner machen unbekümmert weiter, weil sie sich des Schutzes der amerikanischen Regierung sicher sind, die sie von den internationalen Mißfallenskundgebungen abschirmt, sonst würden sie sich nicht so aufführen. Wir lasten die Schuld für dieses schändliche Verhalten eindeutig der Regierung der Vereinigten Staaten an. Sie wird sich eines Tages vor den Tribunalen der Welt verantworten müssen, wo wir sie anklagen werden, ein schlimmer Feind der menschlichen Freiheit gewesen zu sein.

Vielleicht ließe sich etwas zugunsten des konstruktiven Engagements sagen, wenn wir zeigen könnten, daß sich in Südafrika selbst einiges verändert. Ich fürchte, die Suche in diesem Bereich wird ebenso ergebnislos verlaufen wie in den anderen Bereichen, mit denen wir uns bereits befaßt haben. Es hat zweifellos jede Menge ermutigender Rhetorik gegeben. Herr P. W. Botha hat die Weißen aufgefordert, «sich anzupassen oder unterzugehen». Dr. Koornhof hat wiederholt erklärt, er kämpfe gegen die verhaßten Paßgesetze, die jede Bewegung der Schwarzen kontrollieren. Er hat vor einiger Zeit in den Vereinigten Staaten erklärt, daß die Apartheid tot sei. Es hat löbliche Fortschritte in der Arbeitsgesetzgebung gegeben, insbesondere die Anerkennung der schwarzen Gewerkschaften. Unglücklicherweise sind diese Gewinne weitgehend wieder zunichte gemacht worden durch die Verfolgung von Gewerkschaften durch die Polizei, die Inhaftierungen ohne Gerichtsverfahren und die Verbote, mit denen man die Gewerkschaftsführer belegt hat, um die Verbände zu schwächen und sie wirkungslos zu machen. Nein, die Apartheid ist so quicklebendig wie immer, vielleicht sogar noch lebendiger. Es gibt inzwischen vier sogenannte unabhängige Bantustans, die Schwarze zu Ausländern in ihrem eigenen Land machen. Das ist die Endlösung der Apartheid, wie die Ausrottung der Juden die Endlösung des Nazismus war. Fast zwei Millionen Schwarze sind rücksichtslos aus ihrer ursprünglichen Heimat vertrieben und wie Müll in den Bantustans abgeladen worden, wo sie hungern, weil es dort keine Arbeit gibt und nur wenig Land für den Ackerbau. Einige kosmetische Änderungen sind vorgenommen worden, aber die ungerechten Strukturen der Apartheid bleiben so fest verankert wie je zuvor. Wie Frau Motlana, die Vize-Präsidentin des Südafrikanischen Kirchenrats *(SACC)*, gesagt hat: «Wir wollen unsere Ketten nicht bequemer gemacht haben. Wir wollen sie loswerden.»

Es kommt weiterhin zu Inhaftierungen ohne Gerichtsverfahren, wobei die Häftlinge unter dem berüchtigten Artikel 6 ganz nach Gutdünken der Polizei keinerlei Verbindung zur Außenwelt haben. Bis heute sind 46 Menschen in Haft umgekommen. Der berühmteste Fall ist Steve Biko. Während ich dies schreibe, wurde Dr. Neil Aggett angeblich erhängt in seiner Zelle aufgefunden; er ist der erste Weiße, der in Haft (unter Artikel 6) gestorben ist. Unter den Inhaftierten sind Gewerkschafts- und Kirchenführer und Studenten, wobei die *Habeas corpus*-Regel außer Kraft gesetzt ist.

Auch die sogenannten Verbannungen werden weiterhin praktiziert. Frau Winnie Mandela wurde für weitere fünf Jahre mit dem Bann belegt, als das vorige Verbot im letzten Dezember verfallen war. Ich kann mich nicht daran erinnern, daß die Vereinigten Staaten dagegen protestiert hätten.

Ich sehe nichts, was die Vereinigten Staaten als positive Gegenleistung für ihre Politik des konstruktiven Engagements von Südafrika erhalten und vorzuweisen hätten. Mir kommt es so vor, als seien die Vereinigten Staaten diejenigen, die gegeben und Nachsicht geübt haben. Dr. Chester Crocker, der Unterstaatssekretär für afrikanische Angelegenheiten, hat eine bemerkenswerte Erklärung abgegeben, die ganz auf der Linie der neuen Reagan-Politik gegenüber Südafrika liegt. Er sagte, die Vereinigten Staaten würden in der Auseinandersetzung zwischen Schwarz und Weiß nicht Partei ergreifen. Bewundernswerte Unparteilichkeit; doch wie kann man in einer Situation der Ungerechtigkeit und Unterdrückung unparteiisch bleiben? Hier unparteiisch zu bleiben und nicht Partei zu ergreifen, bedeutet, daß man in der Tat schon Partei ergriffen hat. Es bedeutet, daß man sich bereits auf die Seite des Status quo gestellt hat. Wie kann man unparteiisch bleiben, wenn südafrikanische Behörden hilflose Mütter und ihre Kinder auf die Straße setzen und sie im Winterregen zittern lassen, während sogar ihr dürftiger Unterschlupf aus Plastik vernichtet wird? Dies Vorgehen trieb einigen Mitgliedern des amerikanischen Repräsentantenhauses Tränen in die Augen, als sie diese Grausamkeit miterleben mußten.

Kürzlich haben zwei Untersuchungskommissionen ihre Berichte abgeliefert. Die eine, die Steyn-Kommission zur Untersuchung der Medien, möchte die Daumenschrauben der Presse fester anziehen, damit der relativ freie Informationsfluß behindert werden kann; die andere, die Rabie-Kommission, ist darauf aus, die schon drakonische Sicherheitsgesetzgebung zu verschärfen, und das schließt die Inhaftierung ohne Gerichtsverfahren und die sogenannten Verbannungsbefehle ein, die von ihr als «in diesen kritischen Tagen notwendig» gerechtfertigt werden. Die Vereinigten Staaten sind entschlossen, solche Freunde zu haben.

Wir sind tief verletzt. Wir haben gesehen, wenn es um die Frage der schwarzen Freiheit geht, sind wir Schwarze eigentlich überflüssig, nach Ansicht der mächtigen Vereinigten Staaten. Blut ist wieder einmal dicker als Wasser in dieser Angelegenheit. Man kann den Weißen nicht wirklich trauen. Wenn es hart auf hart geht, werden die Weißen zu ihren Mit-Weißen halten. Unter der Carter-Regierung wurde unsere Moral wenigstens gestärkt durch die ermutigende Rhetorik der Kritik. Sie verlieh jedenfalls einem schrecklichen System nicht noch den Anstrich von Seriosität, wie es jetzt, unter der Reagan-Regierung, geschieht. Die Carter-Regierung schien sich um unsere Notlage zu sorgen. Da redete man nicht über die entscheidende strategische Wichtigkeit Südafrikas mit seinem Reichtum an strategisch wichtigen Rohstoffen, die wichtiger zu sein scheinen als menschliche Freiheit. Südafrikanische Schwarze hatten während der Carter-Regierung insgesamt eine hohe Meinung von den Vereinigten Staaten. Mitglieder ihrer Botschaft gehörten zu den wenigen Weißen, die willkommen waren bei solchen zutiefst bewegenden Anlässen wie Gedenkfeiern zum 16. Juni. Ich möchte vermuten, daß dasselbe Personal heute sein Leben aufs Spiel setzen würde, wollte es bei solchen Versammlungen dabeisein. Ich nehme an, man würde sie kurz und bündig abweisen. Ich habe die meisten dieser Leute persönlich sehr gern, aber zum Zeichen meines eigenen, persönlichen kleinen Protestes gegen die Haltung der Reagan-Regierung gehe ich nicht mehr zu Veranstaltungen der Botschaft der Vereinigten Staaten und weigere mich, Leute, die zur Reagan-Regierung gehören, aufzusuchen.

Wir fordern, wie schon in der Vergangenheit, die internationale Gemeinschaft auf, politischen, diplomatischen, aber vor allem wirtschaftlichen Druck auf Südafrika auszuüben, um die Regierung an den Verhandlungstisch zu bringen, damit eine Lösung für unsere Krise gefunden werden kann, bevor es zu spät dafür ist. Darin besteht unsere einzige Hoffnung auf eine einigermaßen friedliche Beilegung des Konflikts.

Die Regierung der Vereinigten Staaten hat uns eine wortreiche Predigt über die allgemeine Unwirksamkeit von Sanktionen gehalten, daß sie von verschiedenen Ländern gleichzeitig verhängt werden müßten usw. usw. Diese Ausführungen hatten vielleicht sogar einiges für sich, aber für uns hatten sie jede Glaubwürdigkeit verloren. Warum? Nun, als die polnische Regierung das Kriegsrecht über Polen verhängte, wer griff zu Sanktionen, und zwar einseitig? Es waren dieselben Vereinigten Staaten, die sich jetzt nicht in der Lage sehen, auch nur ein Bruchteil von dem zu tun, was gegen die polnische Regierung und die Russen unternommen wurde. Die Regierung der Vereinigten Staaten ist nicht wirklich an den Schwarzen interessiert. Polen sind etwas anderes. Sie sind weiß.

Immer mehr Menschen bei uns verzweifeln und glauben nicht mehr an eine friedliche Lösung in Südafrika. Jene von uns, die immer noch von Frieden und Versöhnung sprechen, gehören zu einer rasch schwindenden Minderheit. Und die Menschen, die sich zum Kampf entschließen, wissen, daß sie sich nicht an den Westen um Hilfe wenden können. So werden wir paradoxerweise von jenem Land, das sich um den sowjetischen Expansionsdrang sorgt, in die Arme der Sowjets getrieben.

Die Freiheit kommt. Wir werden frei sein, gleichgültig was andere dafür oder dagegen tun. Uns beschäftigt nur das *Wie* und *Wann*. Es sollte bald geschehen, und wir möchten, daß es einigermaßen friedlich verläuft. Wenn wir frei sind, wird Südafrika immer noch von strategischer Wichtigkeit sein, und seine Bodenschätze werden immer noch von strategischer Bedeutung sein, und wir werden erinnern, wer uns half, frei zu werden. Die Reagan-Regierung steht sicherlich nicht auf der Liste. Wird Ihr CIA mich nunmehr erledigen wollen?

*Tonbandbotschaft an das Transafrika-Forum*
*in den Vereinigten Staaten, Februar 1982*

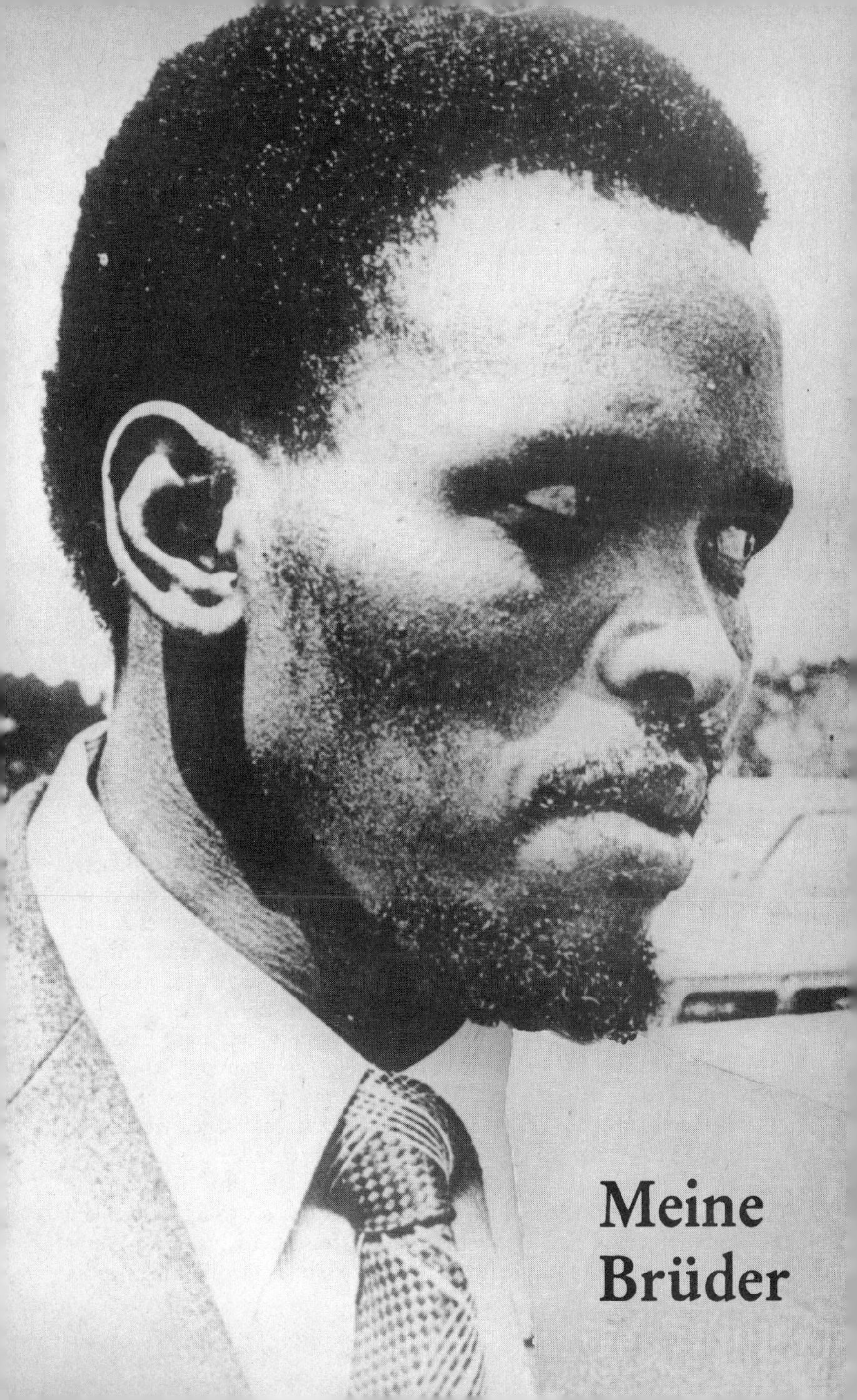

# Meine Brüder

# «... Aufrecht gehen – Schwarz und Weiß gemeinsam ...»

*Gottesdienst für Steve Biko*

Als wir die Nachricht hörten: «Steve Biko ist tot», waren wir wie betäubt und konnten es nicht fassen. Nein, es kann nicht wahr sein! Nein, es muß ein schrecklicher Alptraum sein, und wir werden erwachen und feststellen, daß es in Wirklichkeit anders ist, daß Steve am Leben ist, und sei es auch in Haft. Aber nein, liebe Freunde, er ist tot, und wir sind vor Schmerz noch wie betäubt und stöhnen in unserer Qual: «Ach Gott, wo bist du? Ach Gott, sorgst du dich wirklich um uns – wie kannst du uns dies widerfahren lassen?»

Es scheint eine derart sinnlose Verschwendung wunderbar begabten Lebens, zerstört in der Blüte der Jugend, einer jugendlichen Blüte, die einige vernichtet sehen wollten. Welchen Sinn kann eine solche böswillige Zerstörung haben? Gott, liebst du uns wirklich? Was müssen wir noch tun, was wir nicht bereits getan hätten; was müssen wir sagen, was wir nicht schon tausendmal wieder und wieder gesagt hätten, so viele Jahre lang, daß alles, was wir uns wünschen, sowieso allen Kindern Gottes gehört und ihnen als ein unveräußerliches Recht zukommt: ein Platz an der Sonne in unserem eigenen geliebten Vaterland. Ach Gott, wie lange können wir weitermachen? Wie lange können wir fortfahren, für eine gerechtere Ordnung unserer Gesellschaft zu plädieren, in der wir alle, Schwarz und Weiß zusammen, nicht nur wegen eines Zufalls der Geburt oder einer rein biologischen Belanglosigkeit zählen – sondern wo wir alle, Schwarz und Weiß zählen, weil wir menschliche Wesen sind, Menschen, geschaffen nach deinem Ebenbilde?

In unserem Leid und unter Tränen erinnern wir uns. Laßt uns erinnern, meine Freunde, daß vor beinahe zweitausend Jahren ein junger Mann zu Tode gebracht wurde und wie ein gewöhnlicher Verbrecher außerhalb einer Stadt an ein Kreuz geschlagen wurde, wo man ihn verspottete und sich über ihn lustig machte. Laßt uns erinnern, wie niedergeschlagen seine Jünger waren und wie ganz untröstlich in ihrem Schmerz. Alles schien so völlig sinnlos, so völlig vergeblich. Dieser junge Mann, Gottes eigener Sohn, Jesus Christus, war gekommen, um die frohe Botschaft von der Liebe Gottes für alle seine Kinder zu verkünden. Er kam und verstand sich als der, der die herrliche Prophezeiung des Jesaja erfüllte: «Der Geist des Herrn ist über mir, darum, daß mich der Herr gesalbet hat. Er hat mich gesandt, den Elenden zu predigen, die zerbrochenen Herzen zu verbinden; zu verkündigen den Gefangenen die Freiheit, den Gebundenen, daß ihnen geöffnet werde; zu verkündigen ein gnädiges Jahr des Herrn und einen Tag der Rache unseres Gottes; zu trösten alle Traurigen; zu schaffen den Traurigen zu Zion, daß ihnen Schmuck für Asche und Freudenöl für Traurigkeit und schöne Kleider für einen betrübten Geist gegeben werden; daß sie genannt werden Bäume der Gerechtigkeit, Pflanzen des Herrn zum Preise. Sie werden die alten Wüstungen bauen, und was vor Zeiten zerstört ist, aufrichten; sie werden die verwüsteten Städte, so für und für zerstört gelegen sind, erneuern.» Denn er sah sich selbst als den Sohn, den großen Befreier, Gott selbst, als den Gott, der sich auf die Seite der elenden, unterdrückten und desorganisierten Schar der Sklaven geschlagen hatte. Und dieser Gott hatte ihre Partei ergriffen gegen die Unterdrücker – dieser Gott des Exodus, ausgestattet mit der Macht und Herrlichkeit, hatte mit ausgestrecktem Arm diese Schar von Sklaven siegreich aus der Sklaverei in Ägypten herausgeführt in die Freiheit des Verheißenen Landes.

Ja, der Gott, den Jesus zu verkünden kam, war alles andere als neutral. Er ergriff die Partei der Unterdrückten, der Armen, der Ausgebeuteten, nicht weil sie heiliger oder moralisch besser waren als ihre Unterdrücker. Nein, er stand einzig und allein auf ihrer Seite, weil sie unterdrückt waren. Ja, das war die frohe Botschaft, die Jesus zu verkündigen kam, daß Gott der Befreier war, der, der die Unterdrückten und die Armen und die Ausgebeuteten befreite. Er befreite sie von allem, was sie weniger machen würde, als er sie zu sein wünschte, nämlich voll und ganz menschliche Wesen, so frei, wie Jesus Christus sich selbst erwies. Und all die mächtigen Wundertaten, die Jesus vollbrachte, die Heilung der Kranken, der Blinden, die Vergebung der Sünden aller Sünder, sollten sie befreien, so daß sie die herrliche Freiheit der Kinder Gottes genießen konnten. Und seine Jünger glaubten, er werde die Königsherrschaft an Israel zurückgeben. Er werde sie von der Herrschaft der Römer befreien und ihnen ihre politische Unabhängigkeit zurückbringen. Sie hatten ihre Hoffnungen in ihn gesetzt. Und seht ihn euch nun an. Dieser junge Mann in den Dreißigern, der gesagt hatte: «Ich bin gekommen, damit alle das Leben haben mögen und daß sie es in seiner ganzen Fülle haben mögen.» Seht ihn euch an, tot, und all unsere Hoffnungen, sagten seine Jünger, sind mit seinem Tod dahin.

Die Mächte der Finsternis, des Bösen und der Zerstörung hatten ihr

Schlimmstes getan – sie hatten den Herrn des Lebens selbst getötet, aber dieser Tod war nicht das Ende. Dieser Tod war der Anfang eines herrlichen Lebens, der Auferstehung des Lebens. Dieser Tod war der Tod des Todes selbst – denn Jesus Christus lebt in alle Ewigkeit. Das Grab konnte solch ein herrlich freies Leben nicht gefangenhalten. Jesus zerbrach die Bande des Todes selbst, und was wie eine unrühmliche Niederlage ausgesehen hatte und wie völlige Sinnlosigkeit vorkommen wollte, erwies sich als ein glänzender Sieg und als ein Ereignis, das aller Geschichte Sinn verlieh. Das Leben hat über den Tod triumphiert. Licht und Güte und Liebe herrschen für immer über Haß und Bosheit und Finsternis.

Wir sind, ähnlich wie die Jünger von Jesus auch, bestürzt über den Tod eines anderen jungen Mannes in den Dreißigern. Ein junger Mann, der sich ganz und gar der Verwirklichung von Gerechtigkeit und Recht, von Frieden und Versöhnung verschrieb. Ein junger Mann, der sich festgelegt hatte auf die Herbeiführung von radikalem Wandel in unserem geliebten Land. Sogar seine schlimmsten Feinde und Verleumder kannten ihn als einen Menschen von höchster Integrität und Prinzipientreue. Und die, die ihn besser kannten, schätzten ihn als einen warmherzigen Mann mit einem ausgeprägten Sinn für Humor und von überragender Intelligenz dazu. Gott berief Steve zu seinem Diener in Südafrika: um für Gott zu sprechen und zu erklären, was der Wille Gottes in einer Lage wie der unseren sei, einer Situation des Elends und der Ungerechtigkeit, der Unterdrückung und der Ausbeutung. Gott berief ihn zum Gründervater der *Black Consciousness*-Bewegung, gegen die wir Hetzreden und Verleumdungen vernommen haben. Es ist eine Bewegung, durch die Gott mit Hilfe von Steve in dem schwarzen Menschen ein Gefühl für seine Eigenart und seinen Eigenwert als ein Kind Gottes zu erwecken suchte; als eines Gotteskindes, das es nicht nötig hat, sich für seine Existenz als Schwarzer zu entschuldigen; er tat das, indem er die Schwarzen dazu aufrief, Gott dafür zu lobpreisen, daß er sie schwarz geschaffen hatte. Steve, mit seinem scharfen Verstand, der stets das Wesentliche erfaßte, erkannte, daß – es sei denn, die Schwarzen bestünden auf ihrer Menschlichkeit und ihrer Persönlichkeit – nicht die entfernteste Möglichkeit zur Versöhnung in Südafrika bestand. Denn wahre Versöhnung ist eine zutiefst persönliche Angelegenheit. Sie kann sich nur zwischen Menschen ereignen, die ihre eigene Persönlichkeit behaupten und die des anderen anerkennen und respektieren. Man kann sich nicht mit seinem Hund versöhnen, nicht wahr? Steve wußte und glaubte glühend daran, daß pro-schwarz sein nicht dasselbe war wie anti-weiß sein. Die *Black Consciousness*-Bewegung ist keine Bewegung zum Haß der Weißen, allem zum Trotz, was man Gegenteiliges dazu vernommen haben mag. Er hatte zuviel Hochachtung vor Menschen als Menschen, um sie auf vorgegebene und abgegriffene Klischees aus zweiter Hand reduzieren zu wollen.

Ich möchte neuerlich mit aller Beredsamkeit, die mir zu Gebote steht, an unsere weißen Mitbürger und Mitchristen appellieren. Wir, die wir heute immer noch für friedlichen Wandel eintreten und immer noch von Versöhnung und Gerechtigkeit reden, befinden uns in großer Gefahr. Die Gefahr besteht darin, daß unsere Glaubwürdigkeit drastisch untergraben wird; denn während wir von Frieden und Gewaltlosigkeit sprechen, erleben wir die völlig unverständlichen Maßnahmen der Behörden, die Trauergäste von dem Begräbnis Steves fernzuhalten, ein Vorgehen, das höchst provokativ ist. Warum? Man antwortet uns mit Planierraupen, die die Unterkünfte von Obdachlosen zerstören und sie ohne Unterschlupf im strömenden Regen stehen lassen. Wir danken Gott für die vielen Weißen, die Mitleid mit diesen armen Menschen gehabt haben. Wir reden von Gewaltlosigkeit, aber wir erleben die legalisierte Gewalt, die den Ehemann und Vater von seiner Familie trennt. Wir erleben lange Inhaftierungen ohne Gerichtsverhandlung und Todesfälle während der Haft. Wir erleben Verbote und Verbannungen.

Ich möchte mit aller Umsicht und dem größten Verantwortungsgefühl, das mir zu Gebote steht, sagen, daß es bestimmte Grenzen des Erträglichen gibt. Auch dem Geduldigsten muß irgendwann der Geduldsfaden reißen. Ich habe zuviel Gewalt in anderen Teilen der Welt gesehen, um leichtfertig davon reden zu wollen, aber ich möchte eine ernste Warnung äußern, eine Warnung, die mir nicht leichtfällt. Es ist diese: Wenn Menschen zur Verzweiflung getrieben werden, greifen sie zu verzweifelten Mitteln. Bitte, bitte um Gottes willen, hört auf uns, solange noch die Möglichkeit eines einigermaßen friedlichen Wandels besteht. Nichts, nicht einmal die modernste Waffe, nicht einmal die auf brutalste Weise schlagkräftige Polizei, nein, überhaupt gar nichts wird die Menschen aufhalten können, wenn sie erst einmal entschlossen sind, ihre Freiheit und ihr Menschenrecht zu erringen.

Um Gottes willen, laßt uns von dem Abgrund zurücktreten. Wir alle, Schwarz und Weiß, können kopfüber in den Untergang rennen. Laßt uns die Alternative vermeiden, die zu grauenhaft ist, um sie sich auszumalen. Ach Gott, hilf uns! Wir weinen um unser geliebtes Land, das so unerhört verschwenderisch mit seinen kostbaren menschlichen Schätzen umgegangen ist. Wir weinen und beten für Ntsiki und die ganze Familie von Steve. Aber das kann nicht das Ende dieser Geschichte sein – denn trotz allem, was auf das Gegenteil hindeutet:

Gott ist barmherzig: Ihm liegt es am Herzen, ob etwas richtig oder falsch ist. Unterdrückung und Ungerechtigkeit sind ihm ein Ärgernis. Planierraupen und Inhaftierungen ohne Gerichtsverhandlung kümmern ihn. Und so danken wir Steve paradoxerweise für sein Leben und für seinen Tod. Denn, wißt ihr, Steve setzte etwas in Gang, das nicht mehr aufzuhalten ist. Die Mächte der Ungerechtigkeit, der Unterdrükkung, der Ausbeutung haben ihr Schlimmstes getan, und sie haben verloren. Sie haben verloren, weil sie unmoralisch und im Irrtum befangen sind und weil unser Gott, der Gott des Exodus, der Befreiergott, ein Gott der Gerechtigkeit und der Befreiung und der Güte ist. Unsere Sache, die Sache der Gerechtigkeit und der Befreiung, muß triumphieren, weil sie moralisch und gerecht und richtig ist. Viele, die das gegenwärtige Unrechtssystem in diesem Lande unterstützen, wissen in ihren Herzen, daß sie ein System aufrechterhalten, das böse und ungerecht und ausbeuterisch ist, das ganz und gar verabscheuungswürdig und Gott nicht wohlgefällig ist. Es gibt keinerlei Zweifel daran, daß die Freiheit kommt. Die dunkelste Stunde, heißt es, ist die vor der Morgendämmerung. Wir erleben die Geburtswehen eines neuen Südafrikas, eines freien Südafrikas, wo wir alle, Schwarz und Weiß gemeinsam, aufrecht gehen werden, wo wir alle, Schwarz und Weiß zusammen, uns bei den Händen halten werden, während wir auf unserem Freiheitsmarsch vorwärtsschreiten, um ein neues Südafrika herbeizuführen, in dem Menschen etwas bedeuten, weil sie menschliche Wesen sind, geschaffen nach dem Ebenbild Gottes. Wir loben und preisen Gott dafür, daß er uns eine so köstliche Gabe in Steve Biko gegönnt hat; um seinetwillen und um unseretwillen, Schwarzen und Weißen, um unserer Kinder willen, Schwarz und Weiß zusammen, wollen wir uns erneut dem Kampf für die Befreiung unseres geliebten Landes weihen. Laßt uns alle, Schwarz und Weiß zusammen, nicht von Mutlosigkeit und Verzweiflung überwältigt werden. Laßt uns Schwarze nicht von Haß und Bitterkeit übermannt werden. Denn wir alle, Schwarz und Weiß gemeinsam, werden siegen; nein, wir haben in der Tat bereits gesiegt.

Eingedenk all dessen, was bleibt uns zu sagen? Gott ist auf unserer Seite, wer ist gegen uns? ... Was kann uns dann von der Liebe Christi scheiden? Anfechtung oder Mühsal? Verfolgung, Hunger, Nacktheit, Gefahr oder das Schwert? Wir werden um deinetwillen den ganzen Tag lang zu Tode gebracht, wie die Schrift sagt; wir werden wie Schlachtvieh behandelt – und trotz alledem ist der überwältigende Sieg unser durch ihn, der uns liebt.

*September 1977, King William's Town*

# «Er litt für uns und für sein Land»

*Grabrede für Robert Sobukwe*

Im September 1977 hatte ich das Vorrecht, in King William's Town das Begräbnis eines großen Sohnes Afrikas, Steve Biko, zu leiten. Niemand von uns hätte gedacht, daß wir kaum sechs Monate später hier in Graff-Reinet stehen würden, um Robert Mangaliso Sobukwe, diesem bedeutenden Sohn Mutter Afrikas, die letzte Ehre zu erweisen und unseren Abschiedsgruß zu entbieten.

Kurz vor dem Begräbnis in King William's Town hatte ich die Ehre, dem bewegenden Gedenkgottesdienst für Steve Biko in der Anglikanischen Kathedrale St. George's in Kapstadt beizuwohnen. Nach dem Gottesdienst ging ich zusammen mit Pfarrer Theo Kotze, der jetzt in der Verbannung lebt, den «Professor», wie er überall liebevoll genannt wurde, im Groote Schuur-Krankenhaus besuchen. Er saß da in einem Lehnstuhl, seine liebevolle und bewundernswerte Frau Veronika neben sich. Er hatte gerade eine größere Operation zur Entfernung eines erkrankten Lungenflügels hinter sich – und da saß er und sprach mit heiserer Stimme, mit seinem unnachahmlichen Lächeln, das so trefflich auf den Plakaten abgebildet ist, die die schwarze Zeitung *The Voice* verbreitet hat; und typischerweise beschäftigte sich der Professor bereits wieder mit dem Los anderer Menschen und erwähnte seine eigene Leidenszeit kaum.

Beim Gedenkgottesdienst für Steve Biko sagte ich, er sei beispielhaft für einen Menschen, der die Aufforderung unseres Herren befolgt hat – größere Liebe erweist niemand als der, der sein Leben für seine Freunde opfert. Und, meine lieben Freunde, dieser Text ist für Robert Sobukwe sogar noch zutreffender, nicht nur wegen seines Todes, der die letzte und unwiderrufliche Gabe darstellt, die jemand überhaupt zu geben hat. Nein, nicht nur aufgrund seines Todes – aufgrund seines ganzen Lebens, eines Lebens selbstloser Hingabe um der anderen willen. Ich möchte lediglich anführen, was ich aus erster Hand selbst darüber weiß.

Ich begegnete Robert Sobukwe erstmals, als er ein Oberschullehrer in der Stadt Standerton in Ost-Transvaal war. Ich war damals in der Lehrerausbildung. Ich war beeindruckt von seiner Gewissenhaftigkeit, denn er ging immer erst lange nach Schulschluß nach Hause, er wollte seinen Schülern alle erdenkliche Hilfe bei ihrer Arbeit gewähren.

Er hätte das nicht zu tun brauchen; schließlich waren wir hier in einer

unbedeutenden Kleinstadt im Busch, und die meisten Schwarzen dort zählten nicht viel und würden wahrscheinlich niemals viel hermachen. Die meisten von ihnen würden als Landarbeiter enden oder für ein Almosen in der Stadt arbeiten. Aber für Robert war das anders. Sie waren Menschen und aus diesem Grunde gingen sie ihn etwas an, würden ihn immer etwas angehen. Er pflegte sie als Menschen zu behandeln, die von unschätzbarem Wert sind, und er war es gewohnt, ihnen alle ihm zu Gebote stehenden Mittel frei zur Verfügung zu stellen. Ich bin sicher, daß jeder hier weiß, daß er natürlich längst die Grundsätze der *Black Consciousness*-Bewegung beherzigte, bevor überhaupt jemand ahnte, daß es solch ein Phänomen wie Schwarzes Bewußtsein jemals geben würde – daß schwarze Menschen zählen, weil sie Menschen sind. Gott unterlief kein Versehen, als er sie schwarz erschuf. Robert war schon damals dabei, seinen überragenden Beitrag zum schwarzen Befreiungskampf gegen Unterdrückung, Ungerechtigkeit und Ausbeutung zu leisten und zu versuchen, die Schwarzen spirituell von ihrer Sklavenmentalität zu heilen. Er gab sich bereits in jenen frühen Tagen uneingeschränkt seiner Aufgabe hin.

Ich habe wie viele andere vor und nach mir persönlich profitiert von seiner Bereitschaft, anderen bei ihrem Fortkommen behilflich zu sein. Er lehrte an der Universität Witwatersrand, und ich schrieb 1954 meine

Abschlußexamen für den B. A.-Grad an der Universität von Südafrika. Robert opferte eine Menge Zeit, um mir in einem meiner Hauptfächer, Zulu, zu helfen, und völlig kostenlos. Ich bestand meine Prüfungen gut und erlangte meinen akademischen Grad in jenem Jahr. Und er verlangte nicht einen einzigen Pfennig von mir. Falls irgend etwas gut ist an mir, dann hat Robert maßgeblich dazu beigetragen, ihm Gestalt zu verleihen.

Wir wissen, wie er sich selbst preisgab, als er 1960 einen Protest gegen die Paßgesetze anführte, der Sharpeville zur Folge hatte. Er hätte es dabei belassen können, die Vorteile seines Hochschullehrergehalts und seiner Anstellung zu genießen. Aber Robert tat das nicht. Er litt und wurde auf Robben Island eingesperrt, wo er auch noch zu leben gezwungen wurde, als seine Gefängnisstrafe bereits verbüßt war.

Er litt für uns und für sein Land. Und als er aus der Haft entlassen wurde, wurde er nach Kimberley verbannt.

Da er als Rechtsanwalt zugelassen war, diente er wiederum seinen Mitmenschen selbstlos und arbeitete sich buchstäblich für sie zu Tode. Jeder, der den Professor kennengelernt hat, war danach ein besserer Mensch, denn Robert war ein Mensch von offenbarer Güte. Trotz seiner schrecklichen Erfahrungen, die damit zu tun hatten, daß er die Schwarzen als das anerkannt wissen wollte, was sie sind, menschliche Wesen, blieb er gänzlich frei von Verbitterung. Alle unterlagen dem Charme seiner Liebenswürdigkeit, sogar seine unversöhnlichsten Widersacher billigten ihm Größe zu. Der Chef der Sicherheitspolizei in Kimberley hat ihn aus freien Stücken als einen Gentleman gewürdigt. Ja, er hatte sich dem Kampf für Gerechtigkeit und Versöhnung und Frieden verschrieben. In diesen Dingen lehnte er jeden Kompromiß ab. Er war ein liebevoller und mitleidiger Mann von bemerkenswerter Sanftmütigkeit. Und obwohl er über außerordentliche Intelligenz verfügte, fühlte sich jeder einfache Mensch in seiner Gegenwart doch gleich wie zu Hause.

Und er war ein frommer Mann – er ging mit Gott durchs Leben. Wir danken Gott dafür, daß er uns diesen außergewöhnlichen Mann geschenkt hat, der sein Leben für seine Freunde hingab. Die Tragödie dieses Landes besteht darin, daß seine Herrscher sich weigern, mit Leuten vom Schlage Roberts zu verhandeln, und sie werden es vielleicht noch bereuen, daß sie die Gelegenheit versäumt haben, radikalen Wandel in Südafrika friedlich auf dem Verhandlungswege herbeizuführen. Eure Anwesenheit in solcher Anzahl bezeugt die Größe Robert Sobukwes. Und wenn die Geschichte Südafrikas neu geschrieben wird, wird der Name dieses Giganten unter den Menschen in goldenen Buchstaben darin erscheinen.

# Ihr seid da, um ihnen zu helfen

*Ansprache vor Diakonen der Anglikanischen Kirche von Lesotho am Abend ihrer Priesterweihe*

Meine lieben Brüder, ihr werdet auf einen der wunderbarsten Augenblicke in eurem Leben vorbereitet – wenn ihr zu Priestern geweiht werdet. Dies bedeutet, daß ihr besonderen Anteil an dem einen königlichen Priesteramt unseres Herrn und Heilands Jesus Christus habt, der in das Priesteramt eingetreten ist mit dem Blut seines eigenen, über die Maßen hinreichenden Opfers, das er ein für allemal auf dem Altar des Kreuzes zu Golgatha gebracht hat. Ich möchte, daß wir uns einige Eigenarten vor Augen führen, die Gott, so bitten wir, in eurem Priesterleben entwickeln möge, damit ihr tüchtige Priester sein könnt.

## Jesaja 42, 3: Sanftmut und Demut

Ihr wißt ebenso wie ich, daß die Kinder Gottes euch die größte Hochachtung entgegenbringen werden.

Sie werden euch fast immer so behandeln, als wäret ihr königlicher Abkunft. Sie werden euch die beste Rundhütte im Dorf zuweisen, eigens für euch hergerichtet. Sie werden euch hinten und vorne bedienen wollen, weil das ihre Art ist, Gott ihre Dankbarkeit dafür zu beweisen, daß er ihnen einen Priester geschickt hat. Sie werden euch köstliche Mahlzeiten bieten, zu denen sie ihre schönsten Hühner auftischen, und ihr müßt essen und essen, sonst werden sie gekränkt sein. Aber denkt bitte daran, daß ihr da seid, um ihnen zu dienen. «Ein Mensch ist ein Mensch aufgrund anderer Menschen», sagen wir, «ein Häuptling ist ein Häuptling aufgrund seiner Leute». Was ist ein Priester ohne eine Gemeinde? Er kann nicht einmal die heilige Kommunion ohne sie feiern. Er ist da um ihretwillen. Vergeßt das niemals – ihr seid um ihretwillen da, um ihnen zu helfen, um mehr und mehr Gott zu lieben und ihm zu dienen, indem Ihr euren Mitmenschen dient. Meine Brüder, bittet, daß Gott euch die Tugend verleiht, demütig zu sein – der, der übermütig ist, wird erniedrigt werden und der, der erniedrigt ist, wird erhöht werden. Es wird schwierig sein,

Demut zu üben, da die Menschen in einem ganz realen Sinne in den Dingen des Glaubens von euch abhängig sind. Aber ihr könnt lernen, demütig zu sein, wenn ihr euch erinnert, daß ihr nichts habt, das euch nicht gegeben wurde. Alles, was ihr habt, und alles, was ihr seid, kommt von Gott. Zeigt keine falsche Bescheidenheit. Das ist schrecklich. Gott hat euch bestimmte Gaben verliehen. Die Menschen werden diese Gnadengaben erkennen – Intelligenz, eine schöne Stimme, die Gabe des Predigens usw. Erkennt eure Begabungen an und dankt Gott dafür. Doch denkt immer daran, daß es sich um Gaben handelt. «Warum brüstet ihr euch?» fragt Paulus, «als ob ihr irgend etwas habt, das ihr nicht empfangen hättet?» Wir alle lieben einen bescheidenen Menschen, und wir verabscheuen den selbstgefälligen, nicht wahr? Bringt andere näher zu Gott durch eure Demut.

Die Botschaft von Jesaja beschreibt die Eigenschaften des Dieners Gottes, und die wichtigste dabei ist Sanftmut. Er ist leicht zu entmutigen, es ist viel zu leicht, allzu leicht, zu kritisieren, sich zu beschweren, scharf zu maßregeln. Laßt uns statt dessen schnell bei der Hand sein, das Gute in einem Menschen, und sei es noch so gering, zu erkennen und uns darauf zu konzentrieren. Laßt uns schneller bei der Hand sein mit Lob als mit Tadel. Laßt uns eher bereit sein, anderen zu danken als Beschwerde zu führen – all jenen guten Frauen, die die Kirche reinigen, die Blumen besorgen, den Leuten, die die Lektionen verlesen usw. Lobt sie und dankt ihnen öffentlich, dann werden sie darauf brennen, mehr zu tun, und andere werden sich ihnen anschließen. Danke und Bitte sind kleine Wörter, aber sie sind ach so mächtig. Mein lieber Bruder, sei bitte sanft im Umgang mit der Gemeinde Gottes. Es ist ach so leicht, sie mit Schroffheit abzuschrecken, und viele könnten sich leicht von Gott abwenden eines schroffen, unfreundlichen Wortes wegen. Sei stets für sie da. Das verlangt viel, aber es gehört zu der Fußwaschung, es gehört zu der guten Hirtenschaft, in deren Ausübung der Hirte sein Leben für die Schafe hingibt. Wenn du sanftmütig bist und wenn du sie liebst, werden die Menschen es wissen, und sie werden deine Ermahnungen hinnehmen, denn sie werden wissen, daß diese aus Liebe zu ihnen erfolgen. Und wenn du sie liebst, werden sie alles für dich tun – das verspreche ich. Sie sind auf wunderbare Weise empfänglich, und sie werden nichts vergessen. Sorge für sie. Ich erinnere und werde niemals vergessen, wie, als ich Ministrant war, unser Priester mich beeindruckte, weil er immer um unser Wohlergehen besorgt war. Wenn wir unterwegs waren, achtete er immer darauf, daß wir zu essen bekamen. Das ist etwas, was ich nie vergessen werde. Ich versuche, ebenso zu handeln. Siehst du, man weiß nie, wen man vielleicht beeinflußt. Man kann vielleicht die Berufung zum religiösen Leben und zum Priesteramt wecken, weil jemand von der Liebe und Fürsorglichkeit eines Priesters beeindruckt worden ist. Damit genug von Demut, Sanftmut, Liebe und Mitleid.

## Zuverlässigkeit und Disziplin

Paulus sagt uns, daß von einem Hausverwalter erwartet wird, daß er zuverlässig ist. Das bedeutet für uns eine wundervolle Erleichterung. Es wäre unerträglich, wollte Gott verlangen, daß wir erfolgreiche Prediger zu sein hätten, die stets in der Lage sein müßten, die Kirchen aufgrund ihrer Predigten zu füllen. Ich will damit nicht sagen, daß wir keinen hohen Standard anzustreben hätten. Nein, wir müssen Gott stets unser Bestes geben, aber wenn wir das getan haben, müssen wir das Ergebnis ihm überlassen. Wenn wir unser Bestes in unseren Predigten, in unserem Unterricht, in allem, was wir tun, gegeben haben, dann liegt es bei Gott, über Erfolg oder Mißerfolg zu befinden, und schließlich sind Gottes Wege nicht unsere Wege; es ist stets seine Sache, uns den Ertrag zu gewähren. Erfolg und Mißerfolg bedeuten nicht dasselbe, was die Welt darunter versteht. Aber wir müssen zuverlässig sein. Und dabei spielt Disziplin eine Rolle. Wir werden weithin unsere eigenen Herren sein, selbst wenn wir unter der Aufsicht eines Pfarrherren stehen. Nur ihr selbst könnt wissen, ob ihr eure Lebensregel einhaltet hinsichtlich des Studiums, des Gebets, der Besuche und sonstiger Dinge, die wir tun müssen, um zuverlässige Verwalter des Wortes und des Sakraments zu sein. Ihr müßt einen Stundenplan für eure Studien haben, an den ihr euch zu halten sucht, andernfalls werdet ihr feststellen, daß ihr von soundso vielen anderen und sehr wichtigen Aktivitäten in Anspruch genommen werdet und daß eure Studien über Bord gehen, daß euer Priesteramt früher oder später darunter leiden wird. Eure Predigten werden leer und nichtssagend ausfallen. Die Frage der Zuverlässigkeit ist besonders wichtig hinsichtlich eures Lebens im Gebet. Ihr seid gehalten, täglich das Morgen- und Abendgebet zu verrichten. Einige Priester sind dafür bekannt, in dieser Sache ihre Pflichten vernachlässigt zu haben. Ihr solltet euch regelmäßig der Meditation, der Fürbitte und der Danksagung widmen. Dies ist von entscheidender Wichtigkeit. Ohne das Gebet seid ihr tot. Der Sohn Gottes selbst war ein Mann des Gebets, wie wir aus den Evangelien wissen. Wenn das Gebet so notwendig war für den Sohn Gottes, wieviel mehr brauchen wir es? Gott möge euch die Gnade schenken, in Gebet und Studium Zuverlässigkeit an den Tag zu legen. Ich brauche nicht hervorzuheben, wie wichtig die Sorgfaltspflicht für eure seelsorgerische Tätigkeit ist. Ihr könnt den ganzen Tag zu Hause sitzen und es versäumen, den Gemeindemitgliedern Hausbesuche abzustatten, den Kranken und Alten die Kommunion daheim zu erteilen, und normalerweise wird sich niemand darüber bei euch beschweren, aber eure Kirche wird leerer werden. Man kann die Gemeindemitglieder nicht lieben und sie nicht besuchen. Man kann sie nicht lieben, wenn man sie nicht kennt, und man kann sie nicht kennenlernen, wenn man sie nicht regelmäßig zu Hause besucht. Ein guter Hirte kennt seine Schafe namentlich. Wir alle sind gekränkt, wenn Menschen, die wir früher bereits getroffen haben, uns vergessen zu haben scheinen. Und wir sind erfreut und kommen uns wichtig vor, wenn sie sich an unseren Namen erinnern. Ja, es wird von uns erwartet, zuverlässig und diszipliniert zu sein. Und zum disziplinierten Leben gehört auch, daß wir auf Urlaub gehen und Pausen einlegen. Andernfalls wird unser Körper streiken und den Dienst versagen.

## Höflichkeit und Nachsicht

Demut und Sanftmut, über die ich gesprochen habe, gehen Hand in Hand mit höflichem Verhalten. Viele eurer Gemeindeglieder sind arm und ungebildet, aber, Mensch, sie sind wichtig für Gott! Er starb für sie. Er liebt sie. Er kennt ihre Namen. Jedes Haar auf ihrem Haupte ist gezählt. Gott hat nicht gesagt: «Seid gebildet, seid reich und ihr seid gerettet.» Oder: «Wenn ihr nicht gebildet oder reich seid, könnt ihr das Himmelreich nicht erwerben.» Nein, für ihn stand fest: «Gesegnet sind die Armen, denn sie werden das Himmelreich erben.» Es wird leichter für ein Kamel sein, durch ein Nadelöhr zu gehen, als für einen Reichen, in den Himmel zu gelangen. Seid also auf der Hut. Achtet sie, weil Gott sie achtet. Seid höflich und schikaniert sie nicht, denn sie werden selten aufmucken. Gott wird eines Tages an ihrer Stelle antworten.

Wenn ihr euch zum Gottesdienst verspätet, kostet es euch nichts zu sagen: «Die Verspätung tut mir leid.» Es wird euch viele Freunde gewinnen. Jesus war im Umgang mit Sündern und solchen, die man verachtete, sehr höflich. Laßt uns ebenso mit den Menschen, die uns anvertraut sind, verfahren.

Ein letztes Wort noch. Ihr werdet als Priester leiden. Ihr werdet leiden, wenn eure Gemeinde nicht mit euch zusammenarbeiten zu wollen scheint. Ihr werdet leiden, wenn ihr sie leiden seht. Ihr werdet leiden, wenn ihr ihre Sündhaftigkeit bemerkt. Ihr werdet unter der

Bürde der Kirchen leiden. Ja, ihr mögt gar dazu aufgerufen werden, für sie im Gefängnis zu leiden und sogar den Tod zu erdulden. Größere Liebe beweist niemand als die, daß er sein Leben für seine Freunde hingibt. Der Gute Hirte gab sein Leben für seine Schafe – aber durch Leiden wird die Welt erlöst. Wir müssen an Golgatha und am Kreuz teilhaben, denn nur so können wir auch an dem herrlichen Sieg der Auferstehung beteiligt werden. Nur so können wir an Ostern teilhaben. Aber zuvor müssen wir Karfreitag durchleben.

Meine Brüder, es gibt keine wunderbarere Berufung als die zum Priesteramt in der Kirche Gottes. Möge Gott euch damit segnen, daß ihr sanft, demütig, mitleidig, zuverlässig, diszipliniert, höflich und nachsichtig seid, ihm zum Lobe, zum Ruhme und zu Ehren.

*Dezember 1977, Lesotho*

# Naboths Weinberg und Duncan Village*

Ich möchte euch eine Geschichte aus dem Alten Testament erzählen, eine Geschichte, die ihr sicherlich schon einmal gehört habt. Es war einmal ein König von Israel, der hieß Ahab. Er besaß ausgedehnte königliche Ländereien. Aber der Weinberg eines ziemlich unwichtigen kleinen Mannes namens Naboth grenzte an seinen Besitz.

Dieser Weinberg war ein gewisses Ärgernis, denn er teilte die Ländereien des Königs mindestens in zwei Hälften. Der König war ein vernünftiger Mensch. Er ging zu Naboth und unterbreitete ihm einen Vorschlag. «Hör zu, Naboth, ich möchte meinen Grundbesitz zusammenlegen, und dein Weinberg steht diesen Plänen im Wege. Ich möchte deinen Weinberg kaufen. Ich werde dir einen guten Preis für deinen Weinberg zahlen, oder ich tausche ihn dir gegen einen anderen gleichwertigen ein, der woanders liegt, solange ich nur mein Land zu einem Stück zusammenfassen kann.»

Naboth erwiderte: «*Haikona,* es tut mir leid, Majestät. Dies ist die Heimat meiner Vorfahren. Es ist nicht nur irgend ein beliebiges Grundstück. Die Geister meiner Familie weilen hier. Meine Vorfahren sind hier begraben. Ich bin ein Teil dieses Grundstücks, und es ist ein Teil von mir. Ich kann Ihnen leider nicht entgegenkommen.»

Der König, der selbst ein Israelit war, verstand genau, was Naboth sagte, und stimmte ihm insgeheim zu. Er wußte, daß da nichts für ihn zu machen war. Naboth hatte ein Recht auf seinen Weinberg, das ihm niemand nehmen konnte, nicht einmal der König des Landes.

Natürlich war der König enttäuscht von der Antwort, die er von Naboth erhielt. Als er in seinen Palast zurückkehrte, schmollte er deshalb und rührte sein Essen nicht an. Er legte sich ins Bett und kehrte sein Gesicht zur Wand.

Dann kam seine Königin Isebel herein und fragte: «Was fehlt dir, König Ahab? Warum schmollst du und weigerst dich, die gute Speise zu verzehren, die ich dir vorgesetzt habe?» Da erzählte ihr der König, daß Naboth seine Pläne betreffs der Zusammenlegung seiner Ländereien vereitelt hatte. Die Königin war völlig sprachlos: «Was, du schmollst, weil einer deiner Untertanen, ein unbekannter Bauer, deine

* Duncan Village, eine schwarze Township bei East London, deren etwa 13 000 Einwohner in die Ciskei deportiert werden sollen.

Pläne zunichte gemacht hat?» Die Königin stammte aus einem anderen Land, muß man wissen, wo die Könige wirkliche Könige waren, das heißt, einfach taten, was ihnen gerade einfiel. Sie sagte zu ihm: «Steh auf und iß. Mach dir keine Sorgen. Ich werde dafür sorgen, daß du Naboths Weinberg kriegst. Du bist der König in diesem Lande, und wir lassen uns von niemandem etwas bieten.»

Ja, sie sorgte in der Tat dafür. Sie führte eine Gerichtsverhandlung herbei, die eine Farce war und bei der ein falscher Zeuge auftrat und erklärte, Naboth sei ein schlechter Mensch. Er hätte sich blasphemisch über Gott und den König geäußert. Für dieses Verbrechen gab es nur eine Strafe, den Tod. Naboth wurde also zu Tode gesteinigt, und die Königin sagte zu ihrem Gatten: «Steh auf! Geh und nimm dir Naboths Weinberg. Er ist tot, und niemand wird dich daran hindern zu tun, was dir gefällt, und niemand wird sich darum kümmern, was Naboth zugestoßen ist. Er war schließlich ein Niemand.»

Der König erhob sich lächelnd und erfreut darüber, daß seine Frau Isebel so energisch und wirkungsvoll vorgegangen war. Er eignete sich Naboths Weinberg also an. Und dann geschah etwas Außergewöhnliches.

Der Prophet Elia, der Bote Gottes, begegnete dem König, als er auf dem Wege zu Naboths Weinberg war. Gott, so erklärte der Prophet, hatte gesehen, was Isebel und Ahab Naboth angetan hatten, und Gott war zornig und würde in dieser grausam ungerechten Sache die Partei dieses unbedeutenden Mannes ergreifen. Gott würde Isebel und Ahab und ihre Kinder strafen.

Das ist die Geschichte, die ich euch, den Leuten von Duncan Village, ans Herz legen möchte. In diesem Land mißt man euch keine wirkliche Bedeutung zu. Die Mächtigen in diesem Lande sagen euch, daß ihr euer Eigentum aufgeben müßt, weil sie es wollen. Es ist ihnen gleichgültig, daß ihr nicht wegziehen wollt. Wie Naboth sagt auch ihr, daß euer Heim und Grundstück nicht nur einfach Grundeigentum sind. Sie sind Teil eurer gesamten Existenz. Ihr habt in Ungewißheit und Unruhe gelebt. Man hat euch vor einiger Zeit schon mit dem Abtransport gedroht, deshalb wart ihr nicht sicher, ob ihr es euch leisten könntet, eure Häuser besser instand zu setzen und auszubessern. Dieses Dorf verfällt. Eure Dorfgemeinschaft wird zerstört. Man hat euch aufgefordert, eure südafrikanische Staatsangehörigkeit aufzugeben und die der Ciskei anzunehmen. Es ist beinahe, als ob ihr als eine Gemeinschaft zu Tode gesteinigt würdet – genau wie Naboth.

Ihr seid Niemande in diesem Land, dem Land eurer Geburt, und die Machthaber meinen, sie können ungestraft gegen euch vorgehen, und nichts wird ihnen geschehen.

Nun möchte ich euch, und sie ebenfalls, daran erinnern, daß Gott sich um diese Dinge kümmert. Gott ist bekümmert über Ungerechtigkeit, über Unterdrückung, über Ausbeutung. Gott nimmt Anteil und ergreift stets die Partei jener, die unter die Räder kommen. Gott ist darüber betroffen, daß sie euch von Pontius zu Pilatus verfrachten wollen.

Unrecht und Elend werden nicht für immer dauern. Sie sind überwunden worden von Gott durch das Kreuz Christi, unseres Herrn. Wenn wir gegen eure drohende Abschiebung protestieren, müssen wir dies in der Gewißheit tun, daß der Sieg bereits unser ist. Am Ende werden die Behörden scheitern, weil das, was sie tun, böse ist und gegen das Gesetz Gottes verstößt. Ihr müßt darin bestärkt werden, Widerstand zu leisten gegen das, was böse ist. Ich möchte euch an die Würde und den friedlichen Widerstand der Mütter und Frauen von Langa und Nyanga* in der Kapprovinz erinnern, wo diese christliche Regierung und ihre Beamten gegenwärtig dabei sind, ein direktes und deutliches Gebot Gottes zu verletzen, das in der Bibel enthalten ist und lautet: «Die, die Gott miteinander verbunden hat, soll kein Mensch voneinander trennen.» Und die Regierung übertritt dieses eindeutige biblische Gesetz, indem sie verheiratete Männer zu Wanderarbeitern macht, die in Wohnheimen hausen müssen, und indem sie ihren Frauen das Recht verweigert, mit ihren Männern und den Vätern ihrer Kinder zusammenzuleben.

Es gibt genug Land für alle in Südafrika. Einige Leute sind einfach habgierig, und im Augenblick sind sie auch an der Macht; deshalb können sie ihre Habgier auf Kosten anderer befriedigen, die sie für unerheblich und machtlos halten. Aber genau jene sind es, für die Gott Partei ergriffen hat. Südafrika, bitte denke an die Geschichte von Naboths Weinberg.

*Juli 1981, Duncan Village, East London*

* Langa und Nyanga sind schwarze Townships bei Kapstadt, in denen es zu Massenvertreibungen ‹illegaler› Schwarzer gekommen ist.

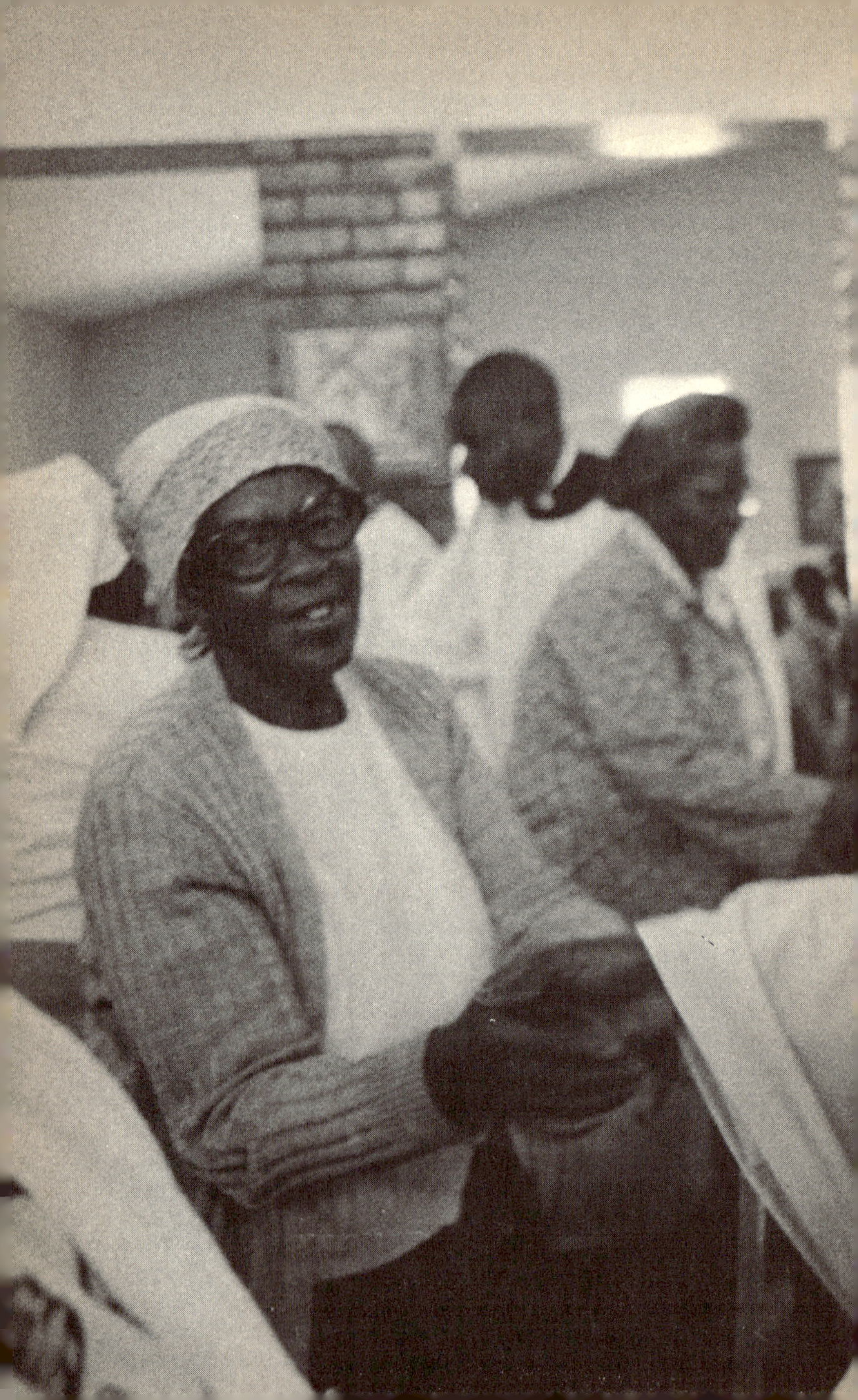

# Meine Kirche

# Der Gott der Befreiung – Die Rolle der Kirche in Südafrika

Bevor ich zum Thema komme, gestatte man mir, einige Worte über *schwarze Theologie* vorauszuschicken, die ich vor einigen Jahren geschrieben habe.

«Afrikanische und schwarze Theologie sind eine scharfe Kritik daran, wie man in der nordatlantischen Welt Theologie zu betreiben geneigt war. Die Menschen aus dem Westen rufen gemeinhin nach einer ökumenischen, universalen Theologie, die sie meist mit ihrer Art, Theologie zu betreiben, gleichsetzen. Das ist natürlich völlig abwegig. Die westliche Theologie ist keineswegs universaler, als jede andere Art von Theologie es jemals sein kann. Denn Theologie kann niemals rechtens eine Universalität beanspruchen, die rechtmäßig allein dem ewigen Evangelium von Jesus Christus zusteht. Theologie ist eine menschliche Tätigkeit mit all den Schwächen und Eigentümlichkeiten jener, die sie ausüben. Was sie sagt, ist nur relevant, wenn es sich an eine spezifische, geschichtlich und räumlich wie zeitlich bedingte christliche Gemeinde richtet, und sie muß diesen Ärgernis erregenden Mangel an Universalität ebenso wie ihre Hinfälligkeit in Demut hinnehmen.

Theologie ist nicht ewig, noch kann sie jemals darauf vertrauen, vollkommen zu sein. Es gibt keine endgültige Theologie. Wahre Einsichten jeder Theologie müssen selbstverständlich eine umfassende Relevanz besitzen, aber Theologie wird verzerrt, wenn sie von Anfang an vorhat oder versucht, allgemeingültig zu sprechen. Christus ist nur deshalb der universale Mensch, weil er vor allem ein wirklicher und deshalb ein besonderer Mensch ist. Es muß deshalb notwendigerweise eine Vielfalt von Theologien geben. Und unsere Gemeinsamkeit entsteht daraus, daß wir alle über das Wirken Gottes nachsinnen, das darauf abzielt, den Menschen von allem zu befreien, was ihn versklavt. Es muß eine Pluralität der Theologien geben, weil wir das Jenseitige nicht alle in genau der gleichen Weise auffassen und auch nicht von uns erwartet werden kann, daß wir unsere Auffassungen in der gleichen Weise zum Ausdruck bringen. Dazu schreibt Maurice Wiles, Regius Professor für Theologie in Oxford:

‹Heutige Theologie ist induktiv und empirisch in ihrem Ansatz. Sie ist das ständig wechselnde Ringen darum, der Antwort des Menschen auf den Anruf Gottes Ausdruck zu verleihen. Verschiedenheit ist begrüßenswert, da kein Ansatz für sich allein jemals der jenseitigen Wirklichkeit Gottes gerecht zu werden vermag: Unsere Teilansichten müssen notwendigerweise von den unterschiedlichen Auffassungen derer ergänzt werden, deren Traditionen anders sind als unsere. Es gibt keine festen Kriterien für den Unterschied zwischen theologischer Wahrheit und theologischem Irrtum. Wir sollten deswegen bereit sein, ein erhebliches Maß sogar dessen zu tolerieren, was für uns ein Irrtum zu sein scheint, denn wir können nicht gewiß sein, daß wir es sind, die sich im Recht befinden. Nach dieser Ansicht ist ein breites Spektrum an theologischen Differenzen (sogar einschließlich dessen, was wir als Irrtum betrachten) als solches kein Hindernis für Einheit.› (Theology and Unity, in *Theology*, Bd. 77, Heft 643, Januar 1974)

Dr. Ilogu kann entsprechend sagen, es gibt ‹eine falsche Prämisse, der zufolge Theologie eine ‚unverrückbare Lehre' bleiben muß. Lebensfähige Theologie, als Reflexion über die Welt, den Menschen und sein Tun im Lichte von Gottes Wort, erweist sich am besten daran, daß sie eine lebendige Theologie wird, indem sie relevant wird für die Epoche, die Zeit und die Menschen, die darin leben. Theologie muß sich deshalb von Epoche zu Epoche und sogar von Ort zu Ort und mit jeder Zeit ändern. Die Tatsache von Gottes Wirken in der Schöpfung und der Erlösung durch Jesus Christus und die Heiligung des Menschen durch den Heiligen Geist ist unveränderlich, aber ihre Interpretation und ihre Anwendung auf die Situation des Menschen ändert sich allerdings.› (Ebd., S. 148)

Afrikanische und schwarze Theologie muß sich mit Befreiung befassen, und zwar in lebensnotwendiger Weise, weil, wie zu zeigen war, Befreiung in dieser Zeit uns ernsthaft beschäftigen muß, obwohl sie keineswegs als eine Alternative zur persönlichen Erlösung in Jesus Christus angesehen wird. Nein, in Afrika wird sie als die unumgängliche Konsequenz angesehen, die sich daraus ergibt, daß man das Evangelium von Jesus Christus ernst nimmt. Nur ein geistlich, politisch, sozial und wirtschaftlich freies Afrika, wo das Christentum sich heute schneller als irgendwo sonst in der Welt ausbreitet, kann einen eigenen Beitrag zum Leben der Gemeinde Christi und der Weltgemeinschaft überhaupt leisten. Es gibt natürlich Unterschiede zwischen diesen beiden Arten der Theologie, und es muß Unterschiede geben, weil diese beiden Arten der Theologie sich in gewisser Hinsicht aus unterschiedlichen Gegebenheiten entwickelt haben. Afrikanische Theologie kann es sich insgesamt leisten, ein bißchen gemächlicher zu Werke zu gehen, obwohl ich davon nicht deswegen überzeugt bin, weil Afrika im großen und ganzen politisch unabhängig ist, sondern weil dort nicht die gleiche Art von Unterdrückung herrscht, die das Ergebnis des weißen Rassismus in Südafrika ist.

Schwarze Theologie entsteht im Kontext des schwarzen Leidens unter dem herrschenden weißen Rassismus. Und folglich ist schwarze Theologie sehr darum bemüht, der schwarzen Erfahrung, deren Hauptbestandteil schwarzes Leiden darstellt, einen theologischen Sinn abzugewinnen im Lichte der Selbstoffenbarung Gottes im Menschen, in Jesus Christus. Sie beschäftigt sich mit der Bedeutung des schwarzen Daseins, mit Befreiung, mit der Bedeutung von Aussöhnung, mit Menschlichkeit, mit Vergebung. Sie ist viel aggressiver und rücksichtsloser bei der Aufstellung ihrer Behauptungen, aufgrund eines brennenden evangelistischen Eifers, denn sie muß den schwarzen Menschen bekehren und aufrütteln aus seiner lähmenden Unterwürfigkeit und Unselbständigkeit, damit er die aufregende und schwierige Selbstverantwortlichkeit des voll entfalteten Menschseins übernimmt, damit er nach der herrlichen Freiheit der Kinder Gottes verlangt. Sie hat den brennenden Wunsch, dem weißen Menschen die Erniedrigung bewußt zu machen, die er sich selbst zugefügt hat, indem er den schwarzen Menschen entmenschlicht hat, und sie ist demnach in gleichem Maße an der Befreiung des Unterdrückers wie der des Unterdrückten interessiert. Sie ist nicht naiv genug, um zu meinen, daß einzig und allein die wirtschaftliche und politische Unterdrückung zählt. Befreiung muß vielmehr in einem umfassenderen Sinne als Beseitigung all dessen verstanden werden, was uns in Ketten hält, all dessen, was uns zu weniger macht als das, wofür Gott uns ausersehen hat.»

## Naturgottheiten und der Gott der Natur und der Geschichte

Im Altertum ging es den Menschen um die Fruchtbarkeit ihrer Felder und Herden. Sie wollten sicher sein, daß die Jahreszeiten in regelmäßigem Wechsel aufeinanderfolgten und daß es regnen würde zu dem Zeitpunkt, da es regnen sollte, und daß die Sonne schien, wenn es zu erwarten stand. Ihre Götter waren meist Naturgewalten, denen es zu trotzen galt – Flußgottheiten, der Sonnengott usw. –, und sie waren im Grunde Naturgottheiten, deren Hauptfunktion darin bestand, dafür zu sorgen, daß der gleichmäßige Gang und Rhythmus der Natur nicht unterbrochen wurde. Frühling, Sommer, Herbst, Winter, Tag und Nacht hatten sich ohne Fehl in gehöriger Reihenfolge einzustellen. Es ist daher nicht weiter überraschend, daß diese Götter eigentlich Götter des Status quo waren. Dieser Sachverhalt wird trefflich in Prediger 1, 5–7, 9–10 beschrieben:

> «Die Sonne geht auf, und geht unter, und läuft an ihren Ort, daß sie wieder daselbst aufgehe.
> Der Wind geht gen Mittag, und kommt herum zur Mitternacht, und wieder herum an den Ort, da er anfing.
> Alle Wasser laufen ins Meer, doch wird das Meer nicht voller; an den Ort, da sie her fließen, fließen sie wieder hin...
> Was ist's, das geschehen ist? Eben das hernach geschehen wird. Was ist's, das man gethan hat? Eben das man hernach wieder thun wird; und geschieht nichts Neues unter der Sonne.»

Der Glaube an diese Naturgottheiten war eine Art von Versicherung für den vorsichtigen, pragmatischen Menschen.

Etwas völlig Neues trat mit dem israelitischen Glauben an Jahwe ein, mit dem Glauben an einen Gott, der die Menschheitsgeschichte ernst nahm, da sie die Arena für seine Selbstoffenbarung abgeben würde. «Ich werde sein, der ich sein werde» ist eine mögliche Übersetzung des rätselhaften Namens, den er Moses nennt (2. Mose 3, 14; 6, 2–3). Das Auge des Glaubens eines vom Heiligen Geist Jahwes beseelten Menschen würde die göttliche Dimension in den gewöhnlichen Ereignissen der menschlichen Geschichte wahrnehmen, und diese Ereignisse mit heilsgeschichtlicher Bedeutung würden die Heilsgeschichte bilden – Gottes Wirken in der Menschheitsgeschichte, häufig durch menschliches Tun, um sein Volk zu bewahren und zu retten, und durch seine Heilsverheißung für sie, sie in sein Friedensreich zu führen, wo alle Geschichte ihre Erfüllung finden würde, ihr Aufhören im Eschaton, wenn Gott alles in allem sein würde, und die Königreiche dieser Welt das Königreich unseres Gottes und seines Christus sein würden und er von Ewigkeit zu Ewigkeit herrschen wird (1. Korinther 15, 24–28; Offenb. Joh. 1, 1–15). Die Geschichte war, anders als nach dem Verständnis der Griechen und Römer, nicht zyklisch, sondern bewegte sich auf ein Ende zu, *Telos,* war also linear, teleologisch und eschatologisch. Sie hatte ein offenes Ende und war nicht ein deterministisches oder geschlossenes System, eben weil Jahwe kein Gott des Status quo war, sondern ein Gott, der stets die Initiative ergriff und immer noch ergreift, um Neues zu erschaffen, überraschende Dinge – dessen rühmt er sich in Jesaja gegenüber den heidnischen Nicht-Göttern, diesen leeren Versprechungen: «Laßt sie herzutreten, und uns verkündigen, was künftig ist... Verkündigt uns, was hernach kommen wird, so wollen wir merken, daß ihr nicht Götter seid.» (Jesaja 41, 22–23)

Von sich selbst sagt er: «Ich aber zeige euch neue Dinge...» Und in Offenb. Johannes erklärt er: «Siehe, ich mache alles neu.» Er macht sie so, daß die Geschichte ihre Erfüllung finden kann, die ein Paradies sein wird wie am Anfang, als er alle Dinge erschuf. Gunkel bemerkte: «Endzeit ist Urzeit.» (Jesaja 11, 5–9; Offenb. Joh. 21, 1–4)

All das wird eintreten, da Gott, Jahwe, ein Gott der Gnade, des Mitleids und der Verzeihung ist. Er ist kein ganz ferner oder handlungsunfähiger Gott. Ihn rührt die Agonie und das Leiden seines Volkes, und er kann nicht der aristotelische unbewegte Beweger aller Dinge sein, der in unerreichbaren olympischen Gefilden weilt. Nein – hört, der Herr spricht: «Ich habe gesehen das Elend meines Volks in Ägypten, und habe ihr Geschrei gehört über die, so sie drängen; ich habe ihr Leid erkannt und bin hernieder gefahren, daß ich sie errette von der Ägypter Hand, und sie ausführe aus diesem Lande... in ein Land, darin Milch und Honig fließt...» (2. Mose 3, 7–8) Er erteilt nicht nur guten Rat, er kam herab und war in ihr Elend verwickelt, und er führte sie aus der Knechtschaft fort in die Freiheit des verheißenden Landes, so daß sie sein Volk sein konnten, seine königliche Priesterschaft um der Welt willen (vgl. 1. Mose 12, 1–3).

Diese Rettung eines Haufens von Sklaven, dieser hochpolitische Vorgang, in der Bibel Exodus genannt, wurde ein paradigmatisches Ereignis, eines, das als Gründungsakt des Volkes Gottes angesehen wurde, der sie als sein Volk berief, und andere Ereignisse göttlichen Ursprungs wurden im Lichte dieses Vorgangs beschrieben, ähnlich wie die Christen späterhin alles und jedes in ihrer Heilsgeschichte im Lichte des Todes und der Wiederauferstehung Christi beschreiben sollten. Gott erwies sich damals als ein rettender Gott, als ein handelnder, als aktiver Gott, nicht als einer, der sich in schönen Reden gefiel, als ein herablassender Gott (sie verdienten es nicht, gerettet zu werden, sie könnten es niemals wert sein, von ihm gerettet zu werden); und er erwies sich als ein Gott der Befreiung, als der große Exodus-Gott, der sich auf die Seite der Unterdrückten, der Ausgebeuteten, der Erniedrigten, der an den Rand Gedrängten schlug. Er ergriff Partei gegen die Mächtigen im Namen der Witwen, der Waisen, der Fremden – der Sorte von Menschen also, die meistens ganz zuletzt an die Reihe kamen, ganz zum Schluß. Ich könnte eine Vielzahl von Bibelstellen anführen, um das zu belegen, beispielsweise diese: «Denn der Herr, euer Gott, ist ein Gott... der keine Person achtet, und kein Geschenk nimmt, und schafft Recht den Waisen und Witwen, und hat die Fremdlinge lieb, daß er ihnen Speise und Kleider gebe. Darum sollt ihr auch die Fremdlinge lieben; denn ihr seid auch Fremdlinge gewesen in Ägyptenland.» (5. Mose 10, 17–19) Die Propheten verloren ihre Geduld angesichts des Unrechts und der Unterdrückung in der israelitischen Gesellschaft, denn sie waren damit beauftragt, für Gott zu sprechen, für einen Gott, den man nicht wahrhaft anbeten konnte, solange das gesellschaftspolitische Verhalten sich nicht in Einklang befand mit dem Glauben an ihn: «Und wenn ihr schon eure Hände ausbreitet, verberge ich doch meine Augen vor euch; und ob ihr schon viel betet, höre ich euch doch nicht; denn eure Hände sind voll Bluts ... Tut euer böses Wesen von meinen Augen, laßt ab vom Bösen; lernet Gutes tun, trachtet nach Recht, helft dem Unterdrückten, schafft dem Waisen Recht, führet der Witwe Sache.» (Jesaja 1, 15–17) Oder als Gott den Israeliten sagt, er wolle ihr religiöses Fasten nicht: «Ist es nicht dies, was ich von euch als Fasten verlange: daß ihr die Fesseln des Unrechts lockert, die Knoten des Jochs löst, jedes Joch zerbrecht und jene befreit, die erniedrigt worden sind? Bedeutet es nicht, daß ihr eure Nahrung mit den Hungrigen teilt, die Obdachlosen in euer Haus aufnehmt, die Nackten kleidet, wenn ihr ihnen begegnet und niemals eure Pflichten gegenüber euren Verwandten versäumt?»

Das klingt fast wie eine Version des Gleichnisses unseres Herrn über das Jüngste Gericht: «Wahrlich, ich sage euch: Was ihr gethan habt Einem unter diesen meinen geringsten Brüdern, das habt ihr mir getan ... Wahrlich, ich sage euch: Was ihr nicht getan habt Einem unter diesen Geringsten, das habt ihr mir auch nicht getan.» (Matth. 25, 40; 45)

Der Gott Abrahams, Isaaks und Jakobs, der Gott unserer Väter, der Vater unseres Herren Jesus Christus wurde damals erstmals als der Gott des Exodus erkannt, als der Erlösergott, und das Thema der Freisetzung, der Rettung Gefangener oder jener, die entführt worden sind, zieht sich wie ein goldener Faden durch die Bibel. Es ist ein wichtiger Bestandteil der biblischen Tradition. Ich habe gezeigt, wie zentral die alttestamentarische Tradition ist und werde nunmehr einige Beispiele aus dem Neuen Testament anführen.

## Einige Belege für das Erlösungs- und Exodusmotiv im Neuen Testament

Im Matthäusevangelium werden wir ständig auf die alttestamentarischen Parallelen im Neuen Testament aufmerksam gemacht. Jesus ist die griechische Namensform von Joshua, und dieser führte die Israeliten über den Jordan in das Verheißene Land. Der zweite Joshua wird das Volk Gottes aus der Knechtschaft und der Wildnis der Sünde und Entfremdung, so wird uns in versteckter Weise gesagt, in das Verheißene Land des Friedens und der Ganzheit führen, die das Himmelreich charakterisiert.

Matthäus stilisiert Jesus als einen zweiten Moses, der ebenfalls auf den Berg steigt, um sein Gesetz zu verkünden – die Thora der Bergpredigt. Es ist völlig ausgeschlossen, daß Matthäus, der in einer jüdischen Umwelt schrieb, Jesus als Moses, den Gesetzgeber, hätte darstellen können und dies gänzlich hätte von dem Moses des Exodus trennen können, denn das Gesetz und die Befreiung aus der Knechtschaft stehen im jüdischen Denken in einem organischen Zusammenhang.

Die Bildlichkeit der Befreiung, der Rettung, der Freisetzung, des Verkaufs in die Sklaverei und der Auslösung, diese Bildlichkeit ist ein wichtiges, ja ein entscheidendes Darstellungsmittel, das das Neue Testament einsetzt, um das Erlösungs- und Versöhnungswerk Jesu zu beschreiben. Er selbst spricht von sich selbst, indem er den schrecklichen Preis unserer Erlösung offenbart und den Preis für die Herbeiführung der Versöhnung zwischen Gott und uns und zwischen uns und der gesamten Schöpfung überhaupt, von seiner Kreuzigung als einem Lösegeld für viele. (Mark. 10, 45) Er begründet das Reich Gottes, seines Vaters, indem er die Macht des Bösen allein herausfordert. Seine mächtigen Werke der Krankenheilung, der Austreibung der Dämonen, der Öffnung der Augen der Blinden und der Ohren der Tauben – sie sind Zeichen für jene, die Augen haben, um zu sehen, daß das Reich Gottes in menschliche Angelegenheiten eingegriffen hat. Gott hat ganz entschieden zugunsten des Menschen interveniert. Jesus wird als der dargestellt, der die Kinder Gottes befreit, so daß es für ihn vordringlich ist, die Frau zu heilen, die seit achtzehn Jahren verkrüppelt ist, selbst wenn das an einem Sabbath geschehen muß, weil diese Tochter Abrahams in ihrer Hinfälligkeit eine Gefangene des Satans war. (Luk. 13, 10–17) Epheser und Kolosser ergehen sich in der Beschreibung unsers Herrn und Retters als eines siegreichen Feldherrn, der die Mächte des Bösen vernichtet hat und diese nunmehr zwecks öffentlicher Zurschaustellung im Triumphzug des siegreichen Helden mitführt – er führt die Gefangenschaft selbst in Gefangenschaft und kann uns Menschen auf diese Weise beschenken (Eph. 4, 7; Kol. 2, 15); wir sind um einen Preis gekauft worden (1. Pet. 1, 18; Apost. 20, 28), so daß wir nicht länger uns selbst gehören; wir sind befreit worden, um ein königliches Haus zu begründen, indem wir Gott als Priester dienen (Offenb. Joh. 1, 5).

Der glänzendste aller neutestamentarischen Beweise besteht darin, daß Christus zur Charakterisierung seines Amtes auf die Worte Jesajas zurückgreift und von sich sagt: «Der Geist des Herrn ist über mir, darum daß mich der Herr gesalbt hat. Er hat mich gesandt, den Elenden zu predigen, die zerbrochenen Herzen zu verbinden, zu verkündigen den Gefangenen die Freiheit, den Gebundenen, daß ihnen geöffnet werde, zu verkündigen ein gnädiges Jahr des Herrn ... (Jesaja 61, 1–2).

Und das gnädige Jahr des Herrn bedeutete im Alten Testament das Jahr der Sklavenfreilassung (3. Mose 25).

In seiner Amtszeit zog sich Jesus den Zorn des religiösen Establishments zu, weil er sich mit denen einließ, die als Sünder verschrien waren, mit den Huren und den Zöllnern, die mit der verhaßten römischen Obrigkeit kollaborierten und deshalb der Verachtung anheim fielen (Mark 2, 15–17). «Wenn ihr mich kenntet, so kenntet ihr auch meinen Vater.» (Joh. 14, 7) Er offenbarte den gleichen Gott, der etwas für die Armen, die Unterdrückten und die Ausgestoßenen übrig hatte, und Jesus starb letztlich, weil er ihre Partei ergriff.

Ich habe gezeigt, daß das Exodus-Motiv, das Erlösungsmotiv tief eingebettet ist in die biblische Tradition. Warum aber sind weiße Christen so sprachlos, wenn schwarze Christen es heranziehen?

## Christliche Eigenart

Der Grund dafür liegt eigentlich auf der Hand. Das Evangelium von Jesus Christus ist eine in verschiedener Hinsicht glänzende Sache, ein Juwel mit vielen Facetten. In einer Situation wie der in Ulster wird vor allem die Seite des Evangeliums relevant, die die Aussöhnung betrifft. Wenn man unterdrückt wird und das Opfer von Ausbeutung ist, dann wird das Evangelium der Befreiung bedeutsam.

Schwarze und weiße Christen blicken auf Jesus Christus, und sie gewahren eine jeweils andere Wirklichkeit. Es ist beinahe wie mit der Schönheit, von der man sagt, sie sei Ansichtssache. Was für einen wichtig wird, das hängt davon ab, wer man ist und wo man sich befindet. Was ist dann aber die Rolle der Kirche?

Die Kirche ist primär dazu da, Gott zu verehren und anzubeten. Sie muß seinen allerheiligsten Namen rühmen und preisen. Aber sie kann dies nicht als eine Form von Eskapismus betreiben. Gerade weil sie solch einen Gott anbetet, muß sie die Welt ernst nehmen, die er geschaffen hat und die er so sehr liebte, daß er seinen einzigen Sohn für sie hingab. Christen erinnern sich an die scharfe Kritik, die alttestamentarische Propheten an einem leeren und formalistischen Gottesdienst üben. Am Anfang dieser Ausführungen haben wir Beispiele für diese prophetische Kritik zitiert. Jesus selbst erinnerte seine Anhänger daran, daß sie kein gottgefälliges Opfer auf dem Altar darbringen konnten, ohne sich zuvor mit ihrem Bruder ausgesöhnt zu haben (Mark. 5, 24), und der Evangelist erklärt, daß jemand, der behauptet, Gott zu lieben, und seinen Bruder haßt, ein Lügner sei, denn wie kann er Gott, den er nie gesehen hat, lieben, wenn er seinen Bruder haßt, den er doch genau kennt. Unsere sogenannte vertikale Beziehung zu Gott wird unter Beweis gestellt und zum Ausdruck gebracht durch unsere sogenannte horizontale Beziehung zu unserem Nächsten. Das Christentum weiß nichts von irgendwelchen leeren Versprechungen für die Zeit nach dem Tode und ist keineswegs nur mit dem Seelenheil beschäftigt. Das wäre eine Karikatur der Religion des Jesus von Nazareth, der die Kranken heilte, die Hungrigen speiste usw. Das Christentum ist als die materialistischste aller großen Religionen bezeichnet worden. Jesus zeigte, daß der spirituelle Gott, sein Reich, absolut zentral bleiben muß; aber eben deshalb, weil er sich Gott zuwandte, mußte er sich zwangsläufig dem Menschen zuwenden. Er war der Mensch für seine Nächsten, eben gerade weil er zuallererst Gottmensch war. Wenn das notwendigerweise so für den Sohn Gottes sein mußte, dann könnte es für seine Kirche nicht anders sein.

Die Kirche ist ständig in Versuchung, sich an die Welt anzupassen, nach Einfluß zu streben, der aus der Macht, dem Privileg und dem Prestige erwächst, und sie vergißt unterdessen, daß ihr Herr und Meister in einem Stall zur Welt kam, daß die Verkündigung seiner Geburt durch die Engel nicht zuerst den Mächtigen und Einflußreichen galt, sondern den einfachen Hirten auf dem Feld. Die Kirche vergißt, daß er sich mit den Armen, den Erniedrigten, den Sündern, den Verachteten, den Ausgestoßenen, den Huren, mit dem eigentlichen Abschaum der Gesellschaft also solidarisierte. Das waren seine Freunde, die, wie er sagte, eher das Himmelreich erlangen würden als die Selbstgerechten, die Pharisäer, die Schriftgelehrten, die religiösen

Führer seiner Zeit. Die Kirche meint – zu ihrem Schaden –, sie müsse jeden gegebenen Status quo absegnen, sie müsse sich mit den Mächtigen identifizieren und das System stützen, das unweigerlich in einem gewissen Umfange ausbeuterisch und unterdrückerisch ist. Wenn sie der Versuchung der Macht unterliegt und sich mit den Herrschenden identifiziert, dann droht der Kirche Unheil, wenn das System gestürzt wird und die Machtlosen und die Armen an die Macht kommen. Sie wird mit dem System untergehen, wie es insbesondere den Katholiken in Moçambique widerfahren ist und der Anglikanischen Kirche in Zimbabwe, aber nicht den Katholiken in Zimbabwe.

Die Kirche steht immer in der Welt, aber ist niemals von dieser Welt und muß ständig kritischen Abstand zu dem politischen Regime wahren, damit sie ihres prophetischen Amtes, des «So spricht der Herr», walten kann, das darin besteht, alles zu verdammen, was gegen den Willen Gottes ist, gleichgültig wie hoch der Preis ist, den sie dafür zahlen muß. Die Kirche hat nur eine unverbrüchliche Loyalität einzuhalten, und das ist die gegenüber ihrem Herrn und Meister Jesus Christus. Die Kirche weiß daher, daß sie den weltlichen Herrschern, deren Gesetze den Gesetzen Gottes zuwiderlaufen, sagen muß: «Wir gehorchen lieber Gott als dem Menschen» (Apostelgeschichte 4, 19).

Die Kirche muß stets bereit sein, die Füße der Jünger zu waschen, eine dienende, nicht eine triumphierende Kirche zu sein, den Ohnmächtigen zugeneigt, um ihnen ihre Stimme zu leihen, zur Solidarität mit den Armen und Unterdrückten, den Ausgestoßenen, bereit – ja, indem sie das Evangelium der Versöhnung predigt, aber zunächst einmal für Gerechtigkeit eintritt, denn ohne Gerechtigkeit kann es keine wirkliche Aussöhnung geben. Sie wird durch ihre bloße Existenz beweisen, daß Jesus die Trennwand niedergerissen hat, und deshalb wird es in ihrem Kirchenalltag keine künstlichen Schranken geben, die einen Christen an der vollen Teilnahme daran hindern könnten.

Eine Kirche, die mit den Armen solidarisch ist, kann niemals eine wohlhabende Kirche sein. In gewisser Weise muß sie alles verkaufen, um ihrem Meister nachzufolgen. Sie muß den Dingen dieser Welt gegenüber Abstand bewahren, indem sie ihren Reichtum und ihre Mittel für die geringsten unter den Brüdern von Christus verwendet.

Solch eine Kirche muß eine leidende Kirche sein, eine, die das Kreuz auf sich nimmt und Christus nachfolgt. Eine Kirche, die nicht leidet, ist ein Widerspruch in sich selbst, wenn sie nicht von dem Kreuz gezeichnet ist und nicht vom Heiligen Geist beseelt wird. Sie muß bereit sein zu sterben, denn nur so kann sie an der Passion Christi und an seiner Auferstehung teilhaben.

«Es sei denn, daß das Weizenkorn in die Erde falle, und ersterbe, so bleibt's allein; wo es aber erstirbet, so bringet's viel Früchte. Wer sein Leben lieb hat, der wird's verlieren; und wer sein Leben auf dieser Welt hasset, der wird's erhalten zum ewigen Leben. Wer mir dienen will, der folge mir nach; und wo ich bin, da soll mein Diener auch sein. Und wer mir dienen wird, den wird mein Vater ehren.» (Ev. Johannes 12, 24–26)

Ich bete um unserer Kinder willen, um unseres Landes willen und um Gottes willen, daß die Niederländisch Reformierte Kirche sich zu ihrer wahren Berufung als Kirche Gottes bekehren möge, denn wenn das geschehen sollte, wenn sie aufhören sollte, dem seit dem Nationalsozialismus bösartigsten System – Apartheid – mit falschen biblischen Argumentationshilfen beizuspringen, falls sie wahrhaft prophetisch werden sollte, falls sie sich mit den Armen, den Benachteiligten, den Unterdrückten identifizieren sollte, falls sie für die Befreiung aller Kinder Gottes in diesem Land eintreten sollte, dann, ja dann hätten wir das wunderbarste Land in der ganzen Welt. Falls sie diese Dinge nicht tut und sie nicht bald tut, dann wird sie, wenn die Befreiung kommt, in die Finsternis verbannt werden, weil sie den Freiheitskampf behindert und die Buren in die Irre geführt hat. Das ist mein leidenschaftliches Gebet für meine Mit-Christen in der Niederländisch Reformierten Kirche. Wehe über uns, wenn die Gnade Gottes nicht bewirkt, daß diese große Kirche und alle Kirchen überhaupt sich in den Dienst des großen Gottes des Exodus, des Erlösergottes, stellen.

*März 1981, Universität Pretoria*

## Was Jesus für mich bedeutet

Man hat mich gebeten, über etwas zu sprechen, das sehr persönlich und in mancher Hinsicht wirklich nicht angemessen in menschliche Worte zu kleiden ist. Schließlich müssen sich Dichter, die ihre menschlichen Liebeserlebnisse beschreiben, beträchtlicher Übertreibungen bedienen, um einer Liebe Ausdruck zu verleihen, die ihnen geradezu das Herz zerreißt, und sogar wenn sie alle Wörter, die ihnen in ihrer Kunst zu Gebote stehen, erschöpft haben, ist ihnen stets noch bewußt, daß die Beschreibung weit hinter der Wirklichkeit zurückbleibt. Bei Shakespeare findet sich ein Sonett, das sich über diese Tendenz zur Übertreibung leise lustig macht; es beginnt: «Die Augen meiner Dame sind nur der Sonne gleich...» Nur eine ganz prosaische, erdgebundene Seele, die niemals geliebt hat, wird mit dem Dichter rechten, wenn er ausruft: «Meine Liebe ist wie eine rote Rose, / die grad ersprungen ist...» Und die, die nun erwarteten, ihren Wangen Blütenblätter entsprießen zu sehen, wären wirklich banausisch!

Wenn sich das so mit der weltlichen Liebe verhält, wieviel mehr noch muß das der Fall sein, wenn wir von einer Liebesbeziehung zwischen Gott und einem seiner kostbaren Geschöpfe sprechen?

Ich spreche deswegen mit großer Beklommenheit und Zurückhaltung zu ihnen. Ich bitte sie, zu Gott zu beten, daß sein Segen über dem walte, was ich sagen werde, damit es kein Hemmnis werde für jemanden, der auf der Suche nach Gott ist, oder kein Anlaß zur Kränkung eines anderen. Könnten wir vielleicht nur für einen Augenblick Stille bewahren und um den Segen Gottes für die Worte aus meinem Munde bitten und für die Andacht unserer Herzen. Danke.

## Wir sind bedingungslos angenommen

Eines Tages, während einer Party in England, wurde aus irgendeinem Grund von uns erwartet, daß wir für unseren Tee bezahlten. Ich wollte eine Tasse Tee für einen Bekannten zahlen. Er hätte nun schlicht «Nein, danke» sagen können. Ich war wie vom Donner gerührt, als er entgegnete: «Nein, ich lasse mich nicht subventionieren.» Darauf wäre ich nie gekommen. Ich nehme an, es war eine verständliche Haltung.

Man möchte für sich selbst aufkommen und nicht von anderen schnorren. Aber das ist eine Haltung, die viele auf unser Verhältnis zu Gott zu übertragen scheinen – sie wollen sich selbst von Gott nicht «subventionieren» lassen. Schuld daran ist die herrschende Leistungsethik, die unser ganzes Leben durchzieht. Uns wird von frühester Kindheit an, wenn wir besonders empfänglich für alles sind, eingehämmert, daß man Erfolg haben muß. In der Schule muß man nicht nur mitkommen, nein, man muß die Konkurrenz geradezu am Boden zerstören. Wir sind so versessen auf den Erfolg, daß unsere Kinder zu Nervenbündeln werden können, wenn sie von konkurrenzorientierten Eltern zu immer größeren Anstrengungen angespornt werden. Unsere Zivilisation bringt es mit sich, daß Magengeschwüre als Statussymbole gelten. Es ist so weit gekommen, daß die schlimmste Verfehlung in unserer Gesellschaft darin besteht, versagt zu haben. Es ist uns egal, wie jemand zu seinem Erfolg kommt oder auch, worin er überragend ist, solange er nur erfolgreich ist, Mensch. Erfolg dient dazu, unser Ego aufzupolieren, und besagt, daß wir etwas sind; die Umwelt bezeugt das. Natürlich verlangt dieses ausufernde Konkurrenzdenken seinen Tribut. Wir werden von Befürchtungen gequält, daß wir versagen könnten. Wir sind beunruhigt, weil wir vielleicht nicht gut genug sein könnten. (Häufig sind wir wie der Bursche, der zum Psychiater ging und sagte: «Herr Doktor, ich glaube, ich habe einen Minderwertigkeitskomplex»; und der Arzt sagte: «Nein, Sie haben keinen Minderwertigkeitskomplex. Sie sind minderwertig.») Jeder von uns hat irgendeine Schwäche. Unsere Reife bemißt sich daran, wie wir mit dieser Tatsache fertigwerden. Die meisten von uns tun so, als hätten sie keinerlei Schwächen, und machen ihren Einfluß geltend, um zu beweisen, daß es auf sie ankommt. Wir arbeiten uns kaputt, um Erfolg zu haben, um akzeptiert zu werden, und wir können nicht begreifen, daß wir diese Einstellung auf keinen Fall auf unser Verhältnis zu Gott übertragen sollten.

Mensch, was für eine gewaltige Erleichterung wäre es und ist es für viele gewesen zu entdecken, daß wir uns Gott gegenüber nicht zu beweisen brauchen. Wir brauchen überhaupt nichts zu tun, um von ihm akzeptiert zu werden. Jesus kam, um uns das zu sagen, und wurde darum getötet. Er kam, um uns zu sagen: «Heda! Du brauchst die Liebe Gottes nicht zu verdienen. Sie ist nicht durch menschliche Leistung zu erringen. Mensch, du bist, du existierst überhaupt nur, weil Gott dich bereits liebt. Du bist ein Kind der göttlichen Liebe.» Die Pharisäer, die religiösen Führer seiner Zeit – die Bischöfe und Kirchenpräsidenten und Moderatoren – die konnten ihm das nicht abnehmen. Jesus versuchte ihnen allerlei Geschichten zu erzählen, um dies zu beweisen, wie die über die Arbeiter im Weinberg, die in Gruppen zu verschiedenen Tageszeiten angeworben wurden. Mit allen, nur nicht mit der letzten Gruppe, einigte sich der Besitzer des Weinbergs über die Entlohnung. Die letzte Gruppe arbeitete überhaupt nicht, und dennoch bekam sie einen vollen Tageslohn – Gottes Liebe und sein Erbarmen werden umsonst und unbegrenzt gegeben. Sie werden nicht verdient. Sie werden gnädig gewährt. Die religiösen Führer hatten den Eindruck, daß Jesus einen sehr anrüchigen Gott verkündete, der viel zu geringe Ansprüche stellte. Jeder Hans und Franz, Hinz und Kunz, Krethi und Plethi würde sich demnächst mit den Tugendhaften und Züchtigen um einen Platz an der Sonne drängeln. Phantastischerweise war das wahr, nein, nur ein Teil der Wahrheit. Jesus sagte, daß die Verachteten, die Sünder, die Huren, die Steuereintreiber, daß die tatsächlich vor den Tugendhaften und Züchtigen in das Reich Gottes eingehen würden. Damit hat er einige Kirchenleute ganz schön schokkiert, kann ich Ihnen sagen.

Er tat sich mit asozialem Gesindel und Lumpenpack zusammen; er gab sich mit denen ab, weil er gekommen war, um die Kranken und Verlorenen zu suchen; und wie im Falle eines Arztes brauchten die Kranken ihn mehr als die Gesunden (oder die, die sich gesund und gerecht dünkten). Er erzählte die Geschichte von dem Pharisäer und dem Zöllner, die ihr Gebet verrichteten. Der eine rühmte sich vor Gott damit, daß er dankbar sei, nicht so zu sein wie andere Menschen, vor allem nicht so wie jener Zöllner da drüben. Der Zöllner hingegen wagte es kaum, zum Himmel aufzublicken.

Er kannte seine Notlage, seine völlige Wertlosigkeit, und deshalb nahm Gott ihn an, und er empfing die Gnade Gottes, weil er nicht selbstherrlich war.

Die frohe Botschaft besteht darin, daß Gott mich längst liebt, bevor ich überhaupt irgend etwas getan habe, um das zu verdienen. Er ist wie der Vater des verlorenen Sohns, der in großer Sorge auf die Rückkehr seines ungeratenen Sohnes wartet, der, als er diesen Nichtsnutz am Horizont auftauchen sieht, diesem entgegeneilt, um ihn zu umarmen und zu küssen; der nur verlangt, daß ein gemästetes Kalb geschlachtet wird; seinem Sohn einen Ring an seinen Finger steckt und ihm die besten Kleider anlegt; und alle müssen frohlocken während der Feier, weil dieser verlorene Sohn gefunden ist, dieser Tote zu neuem Leben erwacht ist. Gott ist wie der gute Hirte, der hinausgeht, um die verlorenen Schafe zu suchen. Wir werden von den religiösen Bildern irregeleitet, die Jesus als den guten Hirten darstellen, der ein knuddeliges weißes Lamm auf seiner Schulter trägt. Ein Lamm wird sich kaum von seiner Mutter entfernen. Das schwierige, aufmüpfige Schaf wird viel wahrscheinlicher verlorengehen, indem es den Zaun durchbricht, dabei Wolle verliert und vermutlich im Dreckwasser eines Grabens landet. Der gute Hirte ist auf der Suche nach diesem dreckigen, stinkenden, unmanierlichen Wesen und läßt die 99 braven Schafe in der Wildnis allein, und wenn er es aufspürt, dann trägt er es auf seinen Schultern und lädt seine Freunde ein, mit ihm zu feiern.

Das ist eine phantastische Sache – das ist die frohe Botschaft. Wir sind Sünder, und Christus starb für uns. Gott wartete nicht, bis wir es wert waren, daß er für uns stürbe; denn da hätte er bis zum Sankt-Nimmerleins-Tag warten können. Nein, während wir noch Gottes Feinde waren, nahm er sich unserer bereits an. Gott liebt uns, sagt Jesus, nicht weil wir liebenswert sind, sondern wir sind liebenswert, weil Gott uns liebt. Das hat mich befreit und mir die Geborgenheit des Kindes im Hause seines Vaters vermittelt. Ich werde geliebt. Das ist die wichtigste Tatsache für mich, und überhaupt gar nichts kann diese Tatsache ändern. Alles, was ich jetzt tue, ist Ausdruck meiner Dankbarkeit für das, was Gott bereits für mich getan hat in Jesus Christus, meinem Herrn und Heiland. Natürlich werden nur diejenigen, die nie geliebt haben, sagen können, daß das zu einer Senkung der Anforderungen führen werde. Wenn jemand verliebt ist, wird er bei jedem Wetter ausgehen, um eine Verabredung mit seiner Geliebten einzuhalten. Die Liebe stellt hohe Anforderungen, die in der Tat höher sind als die des Gesetzes. Sie hat ihre eigenen Imperative: eine Mutter, die während der ganzen Nacht am Bett ihres kranken Kindes sitzt, tut dies aus lauter Liebe, die sie dazu nötigt. Nichts ist zu beschwerlich für die Liebe.

## Jesus bestätigt meinen unendlichen Wert als ein Kind Gottes

In Jeremia 1, 4 finden wir eine seltsame Feststellung. Man könnte fast meinen, Gott verstünde nicht viel von menschlicher Biologie. Was sagte er doch zu Jeremia? Er wollte ihm versichern, daß seine Berufung zum Propheten sich nicht einem nachträglichen Einfall Gottes verdankte, sondern von Ewigkeit her schon von Gott vorgesehen war. Das besagt, daß jeder von uns Teil des göttlichen Plans ist und insofern unersetzlich und einmalig. Einige von uns mögen sich wie bloße Zufälligkeiten ausnehmen, aber für Gott sind wir kein Versehen. Niemand, nicht einmal mein Zwillingsbruder, kann Gott genauso lieben, wie nur ich Gott lieben kann. Wir sind alle einzigartige Originale, nicht bloße Abziehbilder. Zu meinem Geburtstag schenkte mir meine Frau eine Karte, die ein älteres, glückliches Ehepaar abbildete. Auf dem Umschlag stand zu lesen: «Wir haben eine schöne und einzigartige Beziehung», und das besagte eigentlich: «Ich bin schön und du bist gewiß einzigartig.» Aber haben sie einmal ein Symphonieorchester beobachtet? Die Mitglieder des Orchesters sind alle herausgeputzt und prächtig anzusehen mit ihren herrlichen Instrumenten, Celli, Violinen usw. Im Hintergrund befindet sich manchmal, ebenso herausgeputzt, ein Bursche mit einem Triangel. Ab und zu deutet der Dirigent auf ihn und er macht dann kurz ‹kling›. Das könnte einem so belanglos vorkommen, aber in der Gesamtkonzeption des Komponisten würde etwas, das für die Schönheit der Symphonie insgesamt unerläßlich ist, fehlen, wenn dieses ‹kling› unterbliebe. Etwas, das unersetzlich ist, würde dem Lobgesang fehlen, der zum Throne Gottes emporsteigt, wenn deine einzigartige Liebe zu Gott nicht daran beteiligt wäre. Jeder von uns, sagt Jesus, ist von einzigartigem und unermeßlichem Wert, so daß Jesus, unterwegs zu dem Haus des Jairus, um nach dessen sterbender Tochter zu sehen, dennoch innehalten muß, um sich um eine Frau zu kümmern, die zu verbluten droht, oder er spricht in einer Menschenmenge mit einer einzelnen Person, zu Zacchäus etwa. Wissen Sie, jeder von uns ist für sich ein Tempel, ein Gotteshaus, ein Heiligtum des Heiligen Geistes, Jesu Christi und Gottes. Ja, du trägst Gott in deinem Inneren. Gott wohnt in dir. Er wohnt in mir; deshalb ist es eine solche Gotteslästerung, die Kinder Gottes zu behandeln, als wären sie tote Gegenstände, sie aus ihrer angestammten Heimat herauszureißen und in trostlosen Umsiedlungslagern abzusetzen. Jesus sagt, was man denen antut, die er die geringsten seiner Brüder nannte, das tut man ihm selbst an. Ich bin Gottes Stellvertreter auf Erden, und du auch. Das ist großartig, wenn wir es nur selbst von uns glauben könnten, dann würden wir uns so ganz anders verhalten, als wir es gemeinhin tun. Die Opfer von Unrecht und Unterdrückung würden dann nicht unter einer Sklavenmentalität leiden müssen, würden sich nicht verachten und sich ständig für ihr bloßes Dasein entschuldigen wollen. Sie würden wissen, daß sie für Gott wichtig sind, und daß nichts, das ihnen jemand antun könnte, etwas an dieser grundlegenden Tatsache würde ändern können. Und die, die bevorrechtigt sind, würden erkennen, daß auch sie zählen. Sie haben einen unveräußerlichen Wert in sich und brauchen deshalb nicht so besessen materiellen Besitz anhäufen, als ob sie sagen wollten: ‹Das macht meinen Wert aus, das bin ich›; außerdem müßten sie nicht weiter den starken Mann markieren, denn das ist in Wirklichkeit ein Ruf nach Hilfe, nach Anerkennung. Sie würden damit aufhören können, überall ihren Einfluß geltend zu machen. Gott, bitte hilf uns einzusehen, daß es auf uns ankommt, daß wir Geschöpfe deiner Liebe sind von Anbeginn an, denn du erwähltest uns in Christus noch vor Erschaffung der Welt. Welche Seligkeit, wenn wir das wirklich glauben könnten; das würde die Welt revolutionieren.

## Jesus ist der Bejahende

Oft betrachten wir Religion als lebensverneinend, als eine Reihe von «Tu dies nicht, tu das nicht», als Spielverderber und Waschlappen, der uns daran hindert zu tun, was uns am meisten Spaß macht, oder es uns nur mit einem schlechten Gewissen tun läßt. Es gab religiöse Bilder, die wenigstens in den schwarzen Townships recht beliebt waren, auf denen zwei Gruppen von Menschen abgebildet waren. Die eine Gruppe trug Palmenzweige und ihre Mitglieder waren ganz in Weiß gekleidet und marschierten in feierlicher Prozession auf ein helles Licht zu; kaum einer von ihnen lächelte. Die andere Gruppe bestand aus Leuten, die sich amüsierten, tanzten, Gitarre und Karten spielten, und die wurden alle vom Teufel (der schwarz war) und seinem Gehilfen, dem das offensichtlich Spaß machte, mit einer Forke in ein rotglühendes Feuer geworfen.

Ich sage ihnen geradeheraus, daß das eine Karikatur der Religion ist, jedenfalls der Religion von Jesus Christus. Jesus war herrlich lebensbejahend, wie könnte man sonst sein Bemühen verstehen, die Kranken zu heilen, die Hungrigen zu speisen usw., wenn er doch hätte sagen können: «Laßt uns dafür beten, und alles wird eine Treppe höher in Ordnung gebracht, wenn ihr sterbt?» Er vergab Sünden, um die Kinder Gottes von allem zu erleichtern, was sie unnötig belastete. Er feierte das Leben und all das Schöne, das sein Vater geschaffen hatte. Er freute sich der Lilien auf dem Felde und der Vögel in der Luft. Er wußte, es war alles gut geschaffen, sehr gut sogar, wie die Schöpfungsgeschichte sagt. Er wurde häufig dargestellt, wie er zu einem großen Essen ging oder an Hochzeiten teilnahm, und einmal hatte er bei einer solchen Gelegenheit für Wein gesorgt, als die Vorräte zur Neige gingen. Er wurde sogar als Weinliebhaber und Freund der Sünder usw. hingestellt. Durch seine lebensoffene und lebensbejahende Haltung gab er zu erkennen, daß alles Leben, ob weltlich oder heilig, materiell oder geistlich, Gott gehörte, von Gott kam und zu Gott zurückkehren würde. Viele religiöse Menschen meinen, daß lange, schmollende Gesichter irgendwie Heiligkeit verraten – sie sehen oft aus, als hätten sie versehentlich Rizinusöl genommen und wagten deshalb nicht, in der Kirche zu lachen, und sind etwas peinlich berührt, wenn sie es doch tun. Aber Jesus spaßte, als er den Burschen beschrieb, der den Splitter im Auge seines Nächsten entfernen wollte, während ein riesiger Balken aus seinem eigenen Auge ragte. Jesus machte sich über diesen Burschen lustig, und seine Zuhörer brüllten wahrscheinlich vor Lachen. Man hört die Leute oft sagen, die Sünde, die Adam und Eva begingen, muß etwas mit Sexualität zu tun gehabt haben. Was für ein absoluter Unsinn! Wenn Gott zu ihnen sagte, sie sollten fruchtbar sein und sich mehren, sollte Gott dann erwartet haben, sie könnten das tun, indem sie einander tief in die Augen schauten? Er, Jesus, feierte das Leben, und er hielt alles, was bekömmlich ist, für gut. Wir sollen uns erfreuen an gutem Essen, herrlicher Musik, schönen Mädchen und wunderbaren Männern, sehenswerter Landschaft, hoher Literatur, entspannender Erholung: das alles gehört zu dem, was wir Leben nennen. Jesus führt uns durch seinen Geist zur Wahrheit, und ich frohlocke deshalb als Christ über die unerhörten Entdeckungen der Wissenschaft. Für mich ist die Wissenschaft nicht der Rivale oder Feind der Religion. Alle Wahrheit stammt von Gott und kann niemals widersprüchlich in sich selbst sein. Wir haben keinen Gott, der lediglich im Bereich menschlicher Unwissenheit herrscht und dessen Herrschaftsbereich in dem Maße schrumpft, in dem sich die Grenzen des Wissens ausdehnen. Wenn wir die Entdeckungen und Wunder der Wissenschaft bestaunen, wenn der Mensch so wunderbar ist, wieviel wundervoller muß erst Gott, der Schöpfer, sein. Christen müssen sich freuen am Fortschritt menschlichen Wissens. Unser Gott herrscht nicht über klägliche, von Schuldgefühlen gequälte, unterwürfige Kreaturen. Er herrscht über menschliche Wesen auf dem Gipfel ihres Daseins und ihrer Menschlichkeit und ist uns dabei behilflich, eine reife Menschlichkeit zu erlangen, die sich an der vollkommenen Menschheit von Christus bemißt: dem Menschen, der für andere da ist, der sich stets für andere verausgabt, der bereit ist, die Wehrlosigkeit der Liebe zu ertragen, bereit, zu dienen und nicht sich bedienen zu lassen, bereit, sich ein Handtuch um die Hüfte zu wickeln und die Füße der Jünger zu waschen, und letztlich bereit, sich gründlich ausnutzen zu lassen, immer gewillt, anderen zu dienen. Eine größere Liebe kann es nicht geben; denn nur wenn wir geben, empfangen wir: nur wenn wir sterben, werden wir auferstehen zum ewigen Leben.

Dieser Jesus bejaht mich und sagt, daß ich zähle, und deshalb kann ich eine angemessene Selbstgewißheit an den Tag legen. Sie wissen, wie wir alle in der Gegenwart eines Menschen aufblühen, der das Gute in uns sieht und das Beste aus uns herauslocken kann. Und man weiß, wie wir geradezu dahinwelken in der Gesellschaft derer, die immer nur etwas an uns auszusetzen haben. Bestimmt werden wir die ganz besondere Tasse jener Dame fallen lassen, die ständig um dieses kostbare Erbstück besorgt ist. In ihrer Gegenwart haben wir zwei linke Hände. Man bedenke nur, wie Jesus es fertigbrachte, aus einer Prostituierten wie Maria Magdalena eine der größten Heiligen zu machen. Er bemerkte an ihr jene Qualität, die niemand sonst wahrgenommen hatte: ihre große Liebesfähigkeit; und aus der käuflichen Dirne wurde seine getreueste Anhängerin. Oder seine Behandlung des Petrus nach der Wiederauferstehung: Petrus war es, der gesagt hatte, daß er Jesus bis in den Tod hinein folgen würde, und ihn dann, im entscheidenden Augenblick, da Jesus ihn am nötigsten brauchte, dreimal verleugnet hatte. Können Sie sich vorstellen, was für eine Standpauke ich einem Freund gehalten hätte, der mich so schlimm im Stich gelassen hätte? Ich hätte ihm gehörig das Fell über die Ohren gezogen. Aber Jesus, was tut er? Er fragt Petrus dreimal, ob er ihn liebt, so daß Petrus das dreimal bestätigen kann, womit die dreimalige Verleugnung getilgt ist. Und dann überträgt Jesus diesem wankelmütigen, unzuverlässigen Petrus eine sehr verantwortungsvolle Aufgabe. Bei anderer Gelegenheit nennt er ihn gar ‹Felsen›, dieses alles andere als felsenhafte Geschöpf.

Während der Lambeth-Konferenz* hatten wir das Vorrecht, einige überragende Erbauungsansprachen zu hören, einige der besten stammten von Anthony Bloom, dem orthodoxen Meister des geistlichen Lebens. Er erzählte uns an einer Stelle die Geschichte eines einfachen russischen Dorfgeistlichen, der von einem bedeutenden Wissenschaftler in einen Disput verwickelt wurde. Dieser Bursche ließ augenscheinlich verheerende Argumente gegen die Existenz Gottes vom Stapel und erklärte: «Ich glaube nicht an Gott.» Der unbelesene Priester entgegnete sogleich: «Ach, das macht nichts. Gott glaubt an Sie.» Genau das sagt Jesus mir: Gott glaubt an dich. Paulus hörte niemals auf, sich über die Frohe Botschaft der unverdienten Liebe Gottes zu uns zu verwundern. Er beschrieb einiges davon, was Gott für uns getan hat, nämlich, daß wir in der Taufe gestorben sind und mit Christus begraben wurden, daß wir mit ihm zu einem neuen Leben der Rechtlichkeit erstanden sind. Nicht genug damit, sondern auch, daß wir bereits mit Christus zum Himmel aufgefahren sind und – es ist geradezu überwältigend und unglaublich – schon mit Jesus zur Rechten des Vaters herrschen. Können Sie das glauben – Sie und ich, allem Anschein zum Trotz, Fürsten und Fürstinnen mit Christus.

Sie wissen, manchmal können Studenten (nicht hier!) Examensfra-

* Konferenz der anglikanischen Bischöfe

gen nicht beantworten und produzieren dann diese Köstlichkeiten, die man Heuler nennt. Einst wurde in einem theologischen Examen gefragt: «Was sagte Johannes der Täufer zu Jesus, als dieser zu ihm kam, um sich taufen zu lassen?» Nun, dieser Knabe (ich glaube nicht, daß es eine ‹Knäbin› war) wußte die Antwort nicht, aber wollte dennoch sein Glück versuchen und schrieb: «Johannes der Täufer sagte zu Jesus: ‹Denke daran, daß du der Sohn Gottes bist, und benimm dich entsprechend!› »

Nun, denken Sie daran, daß Sie Fürsten und Fürstinnen sind, von Gott Geliebte – verhalten Sie sich entsprechend.

*Durban, Universität von Natal, 6. und 7. August 1981*

# Predigt in der Marienkathedrale, Johannesburg

In den frühen fünfziger Jahren pflegte ich zu dem alten Darragh-Haus zu kommen, um von Bruder Shand für das Subdiakonat vorbereitet zu werden. Ich bin gern in die Kathedrale gegangen, um einige stille Augenblicke in der Kapelle des Heiligen Geistes vor dem Heiligen Sakrament zu verbringen. Mir waren diese Augenblicke lieb und teuer wie Oasen in der Betonwüste von Johannesburg.

Bei anderen Gelegenheiten, wenn ich zur Kathedrale hereinschaute, hatte ich das Glück, die Chorknaben bei einer Probe vorzufinden. Man weiß, sie schafften es immer, so engelhaft auszusehen, als ob sie kein Wässerchen trüben könnten, und man wußte genau, daß sie zu allerlei Streichen aufgelegt waren. All das vergaß man, wenn man die lieblichen Klänge im Rundfunk hörte bei den besonderen Gelegenheiten, wenn der Gottesdienst aus der Marienkathedrale übertragen wurde.

Meine beiden Erinnerungen an die Kathedrale beziehen sich auf etwas, das immer noch ein wunderbarer Teil ihres Lebens ist. Ich erinnere mich – es war außerordentlich –, daß Menschen entweder auf dem Weg zur Arbeit oder auf dem Nachhauseweg kurz die Kathedrale aufzusuchen pflegten, um Ruhe zu finden in der Stille des abgedunkelten Heiligtums. Es steht außer Frage, daß unsere Kathedrale durchweg von den unterschiedlichsten Menschen zum Gebet aufgesucht wird. Schwarze Menschen, weiße Menschen, groß und klein, Vertreter der vielfältigen Familie Gottes finden hier herzliche Aufnahme. Das ist eine ehrfurchtgebietende Tradition. Niemals habe ich die Kathedrale vorgefunden, ohne daß wenigstens ein Mensch sich in ihr aufhielt, das Haupt gebeugt und mit Lippen, die sich in stiller Danksagung oder in angsterfülltem Flehen bewegten wie im Falle Hannahs in alten Zeiten. Man fühlt ein wenig, was die hebräischen Autoren meinten mit der Wolke von Zeugen, die uns umfängt – in der Kathedrale empfindet man inbrünstig, daß man zu einer andächtigen und frommen Bruderschaft zählt.

Die zweite Eigenschaft, die mich schon in jenen frühen Tagen faszinierte und anzog, war die Musik und die gesamte Liturgie. So sollte es gewiß auch sein – die Kathedrale, die Mutterkirche der Diözese als der Ort, an dem in Liturgie und Musik hohen Ansprüchen Genüge getan wird als ein würdiges Opfer, der dreieinigen Majestät Gottes, des Vaters, des Sohnes und des Heiligen Geistes, dargebracht. Da die

Kathedrale natürlich auch eine Pfarrkirche war und ist, galt es einen Ausgleich zu finden zwischen ausführlicher und schöner Chormusik und dem Gemeindegesang, und wir werden mit der Spannung zwischen diesen beiden Aspekten leben müssen.

Mit der Erwähnung der Kathedrale als Mutterkirche komme ich auf eine dritte Eigenart zu sprechen, die ich ein wenig später entdeckte, und die betrifft die Tatsache, daß die Kathedrale in einer gespaltenen und von Rassenwahn beherrschten Gesellschaft der Schauplatz wirklich ehrfurchtgebietender und schöner Bistumsveranstaltungen zu sein pflegte, besonders am Sonntag der Synode. Es gab einfach nichts Erhebenderes und Eindrucksvolleres, als die Marienkathedrale bis auf den letzten Platz gefüllt zu sehen mit Kindern Gottes aller Rassen – mit der langen Prozession der Katecheten, Subdekane und Geistlichen, die sich langsam einen Weg in die Kathedrale bahnt, die bis unter das Dach voller Menschen ist. Hymnen wurden in vielen Sprachen gesungen, die Schriftlesungen in einer anderen vorgetragen, und dann hörte man die prophetischen Verkündigungen unseres geistlichen Vaters, der das ewige Evangelium von Gottes Liebe für alle seine Kinder predigte, der uns alle in einer einzigen Brudergemeinde einte und alle bedeutungslosen Barrieren und Unterschiede beiseite räumte, indem er uns den Willen Gottes für das Südafrika jener Tage kundtat. Das war begeisternd – wir waren da alle beieinander, obwohl die Richtlinien der Politiker bestimmten, daß wir getrennt sein sollten. Es ist ein schwerer Verlust für uns, daß wir keine Halle in der Nähe der Kathedrale besitzen, in der wir unsere Synoden abhalten könnten; denn das waren heilsame Anlässe, die uns verbanden, bei denen unsere physische Anwesenheit unsere Einigkeit in unserem Herrn und Heiland Jesus Christus bekräftigte.

Mir ist die Kehle immer wie zugeschnürt, wenn ich an die Kinder der Marienkathedrale denke, die wie ein Fingerzeig sind für das, was sein könnte, wenn unsere Gesellschaft nur vernünftig und normal werden wollte! Hier kamen Kinder aller Rassen zusammen, um gemeinsam zu spielen, zu beten und zu lernen und auch miteinander zu streiten; das war beinahe einmalig in Südafrika. Und wenn ich in dem Gestühl des Dekans kniete während des großartigen Hochamts um 9.30 Uhr mit Weihrauch, Glocken und all dem Drumherum, und beobachtete, wie eine Gemeinde aus Menschen aller Rassen sich am Altargitter aufreihte, um die Kommunion zu empfangen, das eine Brot und den einen Kelch, dargeboten von einer Gruppe von Geistlichen und Laienpredigern, mit einem multirassischen Chor, Meßdienern und ehrenamtlichen Kirchendienern – all dies in dem auf Apartheid versessenen Südafrika, dann liefen mir manchmal Tränen über das Gesicht, Freudentränen darüber, daß es sein konnte, daß Jesus Christus wirklich die Trennwand niedergerissen hatte und daß hier die ersten Früchte der eschatologischen Gemeinde vor meinen eigenen Augen zu sehen waren, da man die Botschaft, die draußen auf dem Anschlagbrett in verschiedenen Sprachen zu lesen war, in die Tat umsetzte, daß dies ein Haus des Gebets ist für Menschen aller Rassen, die hier jederzeit willkommen sind.

Das ist das gewaltige Zeugnis der Marienkathedrale über die vergangenen fünfzig Jahre hinweg gewesen. Möge Gott uns die Gnade schenken, daß wir in den nächsten fünfzig Jahren unserer großen Tradition treu bleiben und seine rettende, versöhnende, vergebende und entgegenkommende Liebe machtvoll bezeugen mögen. Gott sei Dank für all seine treuen Diener, die ihn in jenen fünfzig Jahren in der Marienkathedrale verehrt haben.

Die Marienkathedrale hat mich die Offenbarung des Johannes glauben lassen:

«Darnach sah ich, und siehe, eine große Schar, welche niemand zählen konnte, aus allen Heiden und Völkern und Sprachen, vor dem Stuhl stehend und vor dem Lamm, angetan mit weißen Kleidern, und Palmen in ihren Händen, schrien mit großer Stimme und sprachen: Heil sei dem, der auf dem Stuhl sitzt, unserm Gott, und dem Lamm! Und alle Engel standen um den Stuhl und um die Ältesten und um die vier Tiere, und fielen vor dem Stuhl auf ihr Angesicht, und beteten Gott an, und sprachen: Amen, Lob und Ehre und Weisheit und Dank und Preis und Kraft und Stärke sei unserm Gott von Ewigkeit zu Ewigkeit! Amen!» (Offenb. Joh. 7, 9–12)

# Predigt gehalten in der AME-Kirche, Orlando West

Text: 2. Moses 6, 2–9

Heute möchte ich euch an eine Sache erinnern und auf eine andere hinweisen. Ich möchte euch daran erinnern, was für einen Gott ihr anbetet. Wir gewöhnen uns an bestimmte Wahrheiten über Gott und nehmen sie in der Tat als recht selbstverständlich hin, so daß sie nicht länger als merkwürdig oder wunderbar anrühren. Wir gehen regelmäßig zur Kirche und wir beten täglich zu Gott, aber halten wir bisweilen inne, um uns zu fragen: «Was hat es mit diesem Gott auf sich – was ist in unserem Leben wichtig im Hinblick auf ihn?»

Wir finden das in dem Text, den wir eben gelesen haben. Uns wird erzählt, daß eine bestimmte Gruppe von Menschen – denn es war noch nicht einmal eine Nation –, daß diese Menschengruppe sich in Ägypten befand. Sie waren Sklaven in Ägypten, und sie litten schwer unter ihrer Versklavung. Sie wurden als Bauarbeiter verwendet, um die Städte Ägyptens und vielleicht jene sonderbaren Monumente zu erbauen, die man bis heute noch in Ägypten vorfindet – die Pyramiden. Und sie verrichteten diese schwere Arbeit ohne jede Bezahlung. Und, wie man sich vorstellen kann, pflegten sie über all diese Leiden zu klagen und zu jammern. Wir schreien und lamentieren aufgrund unseres Leidens, nicht wahr, und wir singen *«unzima lomtwalo ufuna amadoda ...»* (Diese Last ist drückend. Männer sind erforderlich, um sie zu tragen.)

Die erste und wichtigste Feststellung ist, daß Gott ihr Schreien hörte und ihre Not sah. Er offenbarte, daß er ein Gott war, der sich sorgt, obwohl er in seinem Himmel der Himmel thront. Er ist seinem Volk sehr nahe. Denkt daran, meine lieben Freunde – er hört, er sieht.

Sie müssen viele Jahre gelitten haben, und es muß ihnen vorgekommen sein, als kümmerte es ihn nicht, als existierte er nicht einmal. Aber an jenem Tag erschien er Moses und bewies, daß er hörte, daß er sah und daß er sich sorgte.

Dieser Passus lehrt uns zudem etwas anderes – daß er sich erinnerte. Dieser Gott war kein Neuankömmling. Er war von Anfang an da, und er hatte mit den Vorfahren dieser Sklaven zu tun gehabt. Er hatte ihren Vorfahren verheißen, daß er ihnen ihr eigenes Land geben würde – aber da waren nun ihre Kinder, Vertriebene und Sklaven in einem fremden

Land. Was war aus den Versprechungen geworden, die Gott gemacht hatte? Waren sie einfach wertlos? Hatte er sie vergessen? War er treulos und nicht vertrauenswürdig? Der Passus antwortet darauf nachdrücklich: Nein! Dieser Gott vergißt nicht über Jahrhunderte und Jahrhunderte hinweg – er ist vertrauenswürdig. Sein Wort ist im Feuer geprüft worden, wie man Silber prüft, und sein Wort erwies sich als vertrauenswürdig. Und folglich sagte er Moses, daß er sich an die Abmachung erinnerte, die er mit Abraham und mit Isaak und mit Jakob getroffen hatte, und daß er sein Versprechen einhalten würde. Er würde ihnen Kanaan geben, das Land, in dem Milch und Honig fließen. Er würde das tun, weil er ein Gott ist, der hört, der sich sorgt, der erinnert. Er ist ein Gott, dem man vertrauen kann. Er ist ein Gott, der von Anbeginn an existiert hat, der sich nicht ändert – er ist derselbe gestern, heute und in Ewigkeit.

Aber all dies war für die Sklaven nicht wirklich wichtig. Wenn man ein Sklave ist, wünscht man sich vor allem, daß man freigelassen wird; man muß befreit werden. Und deshalb war für die Sklaven dies die wichtigste Mitteilung, die Moses ihnen überbrachte: «Ich will euch erretten und aus der Knechtschaft befreien.» Ihr und ich, wir wissen, daß Gott dieses wunderbare Wort in Erfüllung gehen ließ. Er half ihnen in der Großtat des Exodus, aus ihrer Sklaverei zu entkommen. Somit wissen wir etwas anderes über Gott – diesen Gott –, er ist nicht nur ein Gott der Worte. Er ist nicht wie Bischof Tutu, der von Herrn le Grange, dem Polizeiminister, gewarnt wurde: «Bischof Tutu redet zuviel, und er muß sich in acht nehmen.» Dieser Gott redete nicht nur, er handelte. Er erwies sich als ein handelnder Gott. Vielleicht sollten wir etwas anderes noch über Gott hinzufügen: Er ergreift Partei. Er ist kein neutraler Gott. Er ergriff die Partei der Sklaven, der Unterdrückten, der Opfer. Er ist auch heute noch derselbe. Er stellt sich auf die Seite der Armen, der Hungernden, der Unterdrückten, der Opfer des Unrechts usw.

Laßt uns einander immer wieder daran erinnern, was für ein Gott unser Gott ist. Er ist immer gegenwärtig. Er ist immer gegenwärtig gewesen. Er schläft nicht oder geht in Urlaub oder nimmt sich einen Tag frei. Er ist immer da. Verzweifelt also nicht. Gleichgültig, wie lange es dauern mag oder zu dauern scheint – er ist da. Er hört, er sieht, er sorgt sich und er handelt. Er ergreift Partei. Wir dürfen nicht daran zweifeln, daß er sich sorgt und daß er handeln wird. Wir dürfen nicht daran zweifeln, daß er für uns Partei ergreifen wird und daß er uns retten und aus unserer Gefangenschaft, aus unserer Versklavung, aus unserer Armut, aus unserem Leiden herausführen wird. Er wird uns zu seinem eigenen Volk machen, das ihn anbetet. Und er ist allmächtig.

*Die Bücher kosten nur noch*
*ein Fünftel ihres früheren Preises …*

... schrieb der Bischof von Aleria 1467 an Papst Paul II. Das war Gutenberg zu verdanken.

Heute, 500 Jahre später, kosten Taschenbücher nur etwa ein Fünftel bis ein Zehntel des Preises, der für gebundene Ausgaben zu zahlen ist. Das ist der Rotationsmaschine zu verdanken und zu einem Teil auch – der Werbung: Der Werbung für das Taschenbuch und der Werbung im Taschenbuch, wie zum Beispiel dieser Anzeige, die Ihre Aufmerksamkeit auf eine vorteilhafte Sparform lenken möchte.

Auf die Dauer kann ihn nichts aufhalten. Nichts kann ihn daran hindern, das zu tun, was er tun will, weil er solch ein Gott ist. Denkt daran und verbreitet die frohe Botschaft von dem Gott der Bibel, von unserem Gott.

Aber der Passus enthält noch etwas anderes. Er besagt, daß die Israeliten vernahmen, was Moses über Gott sagte, all das, was ich euch eben berichtet habe. Aber sie hörten nicht auf ihn; sie konnten nicht auf ihn hören, weil ihr Geist infolge der grausamen Versklavung gebrochen war. Sie konnten nicht hören. Das ist ein schrecklicher Sachverhalt. Die Sklaverei hatte sie entmenschlicht. Sie hatten sich daran gewöhnt zu glauben, daß sie nicht ganz so menschlich waren wie die Ägypter. Sie meinten, sie seien irgendwie minderwertige, zweitrangige menschliche Wesen. Sie hatten, was wir eine Sklavenmentalität nennen würden. Nunmehr wissen wir also Bescheid darüber, oder?

Wir erinnern uns daran, wie gebrochen ihr Geist war; denn eines Tages, als Moses auf zwei Israeliten traf, die miteinander stritten, und dazwischenzutreten versuchte, schrien sie ihm zu: «Wer hat dich zum Herrscher über uns eingesetzt? Willst du uns töten, wie du die Ägypter getötet hast?» Es handelte sich um Spitzel, und ihr habt gelesen, daß Moses deswegen in das Land der Midianiter floh. Wir wissen genau, was dieses Minderwertigkeitsgefühl den Menschen antun kann. Wir entwickeln Haßgefühle gegen uns selbst und verachten uns folglich. Auch wir behandeln einander wie Abschaum.

Erlösung ist teuer. Sogar als der Herr die Israeliten aus Ägypten gerettet hatte, mußten sie durch die Wüste ziehen. Sie mußten die Verantwortungen und die Schwierigkeiten der Freiheit ertragen. Das war kein Zuckerschlecken. Sie litten Hunger und Durst, und sie beklagten sich dauernd. Sie klagten, daß ihre Ernährung eintönig war, immer nur Manna ohne Fleisch usw. Und schlimmer noch, viele von ihnen sehnten sich nach den Tagen der Knechtschaft und den Fleischtöpfen Ägyptens zurück. Sie hatten zu lernen, daß Befreiung einiges kostet. Es bedarf dazu der Einigkeit. Wir müssen uns bei den Händen halten und uns nicht entzweien lassen. Die Herrschenden möchten immer teilen und herrschen. Wir müssen wissen, bevor wir unser Verheißenes Land erreichen, wird es Einkerkerungen geben, es wird Verbannungen geben, es wird Vorbeugehaft geben, es wird Todesfälle in der Haft geben, es wird das Exil geben, es wird Zwietracht geben und es wird Verrat und Mangel an Loyalität geben. Einige von uns werden den Tag der Befreiung physisch nicht miterleben. Aber sie werden zu dem Kampf beigetragen haben. Wir wollen einig sein, wir wollen hoffnungsvoll sein, wir wollen einander achten. Zitat: Römer 8, 31 und 35–39.

# Über die Kirche in der Welt

Neulich saß ich eines Abends neben einer bemerkenswerten Dame am Tisch. Diese Tischdame war eine reizende Person, deren Umgang mir sehr zusagte. Sie war mit einem Engländer verheiratet gewesen, war aber selbst Amerikanerin und lebte nun wieder in den Vereinigten Staaten, da ihr Mann inzwischen gestorben war. Ich erwähne sie, weil wir uns über die Kirche unterhielten; sie hatte einige sehr klare Ansichten darüber. Sie selbst war wohlhabend und hatte, soweit ich das beurteilen konnte, deshalb keinerlei Komplexe; sie war entschlossen, ihrem Herrn und Meister auf sinnvolle Weise zu dienen, ohne deswegen in irgendeiner Weise eine Weltverbessererin werden zu wollen.

Sie erwähnte insbesondere zweierlei, was für unser Thema von Belang ist. Sie war zu dem Schluß gekommen, erzählte sie mir, daß die Kirche Gottes ihren Dienst immer dann am besten ausübte, wenn sie sich in einer feindseligen Umwelt zu Jesus Christus bekennen müßte, in der, in Shylocks Worten «Leiden das Kennzeichen unseres Stammes ist». (Der Stamm, der hier gemeint ist, sind die Christen, nicht die Juden.) Diese liebenswerte alte Dame war davon völlig überzeugt und glaubte, daß die amerikanische Nation und deren Kirchen auch etwas sehr Wertvolles verpaßt hätten, dadurch, daß sie den letzten Weltkrieg ohne allzu große Unannehmlichkeiten überstanden hatten.

Ihre zweite These war, daß die Kirche von England in demselben Krieg eine unwiderbringliche Gelegenheit versäumt hätte und jetzt den Preis dafür zu zahlen hätte, daß sie die Gelegenheit, die der Krieg ihr geboten hatte, nicht beim Schopfe ergriffen hatte. Sie sagte, daß ihres Wissens nur sehr wenige Geistliche der etablierten Kirche in England während der Bombenangriffe die Luftschutzbunker aufgesucht hätten, um mit den Leuten darin das Elend zu teilen und ihnen zu helfen, es zu ertragen. Einzig die Heilsarmee hätte sich in dieser Hinsicht hervorragend verhalten. Deshalb hatten die jungen Menschen niemals irgendwelche Pastoren der Kirche erlebt, die sich an einem Tiefpunkt in ihrem Leben mit ihnen identifizierten. Später hätte diese Tatsache, zusammen mit anderen in hohem Maß zu der Enttäuschung der jungen Menschen hinsichtlich der Kirche beigetragen und sei auch größtenteils dafür verantwortlich, daß viele von ihnen ihrer Kirche den Rücken gekehrt hätten.

Wenn diese Beobachtungen richtig sind, dann sagt das etwas über das

Bekenntnis und die Glaubwürdigkeit der Kirche aus, auch etwas über die ganze Frage nach der Solidarität mit denen, denen sie dienen möchte, die Einfluß haben darauf, was es bedeutet, heute Kirche in der Welt zu sein.

Bis vor kurzem noch wurde als selbstverständlich vorausgesetzt, daß man, wenn man von christlicher Theologie sprach, die Theologie meinte, die seit eh und je in den großen Zentren des Christentums in der westlichen Christenheit getrieben wird.

Falls man aus einem Land der Dritten Welt kam, wurde erwartet, daß man die Theologen studierte, die aus diesen großen Zentren hervorgegangen waren, wenn man selbst ein Theologe werden wollte, der künftig zur Kenntnis genommen werden würde. Sehr wenige westliche Theologen scheinen das biblische Zeugnis hinsichtlich der Vielfalt der Theologie ernst genommen zu haben; und daß Theologie, um authentisch und folglich relevant zu sein, situationsbezogen sein muß, scheint ihnen ebenfalls entgangen zu sein. Das war die Stärke, aber auch die Schwäche der Theologie. Sie mußte in ärgerniserregender Weise eigentümlich, besonders sein, weil sie an den Zusammenhang gebunden war, in dem sie entstanden war und an den sie sich richtete.

Schließlich wollte Theologie die christliche Erfahrung für bestimmte Teile der Familie der Christenheit, die über die ganze Erde verstreut ist, nachvollziehbar und verstehbar machen, um sie dann in ein zusammenhängendes und sinnvolles Ganzes zu integrieren, im Hinblick auf das, was Gott getan hat, was er tut und noch tun wird, wobei der letzte Bezugspunkt der Mensch Jesus blieb.

Gerade weil die Theologie auf unterschiedliche Fragestellungen eingehen mußte und mit Akzentsetzungen umzugehen hatte, die anders waren als anderswo, mußte es für diesen spezifischen Kontext eine besondere Theologie geben. Deshalb befinden wir uns jetzt in der beunruhigenden Lage, es mit einem seltsamen Nebeneinander verschiedener Theologien zu tun zu haben, die sich eng berühren, indem sie einander ergänzen oder widersprechen. Wie ich schon früher gesagt habe, ist das aber gar nichts Neues, denn die Bibel bezeugt eine ähnliche Vielfalt; man findet sogar in den Kapiteln von Texten aus dem, was ein einziges Buch sein will, verschiedene Theologien im Widerstreit miteinander; so 1. Moses 1, 1–11. Die Theologie, die sich in dem Buch von Jona und Ruth findet, bestreitet die Positionen, die beispielsweise in dem Buch Nehemia oder Esra entwickelt werden; und doch besaß jede von ihnen ihre Gültigkeit, denn jede versuchte, einer bestimmten Situation gerecht zu werden, jede unternahm den Versuch, mit den Fragen zu Rande zu kommen, die diejenigen beschäftigten, die sich in der gegebenen Situation befanden.

Und wir bemerken dann, daß die besten Theologien in der Regel nicht aus dem ungestörten Frieden eines Studierzimmers oder aus gelehrten Spekulationen in Seminaren und Vorlesungssälen hervorgegangen sind, sondern daß sie gewissermaßen im Feuer der Not geschmiedet worden sind, sozusagen im Eifer des Gefechts oder kurz danach. Sie waren im strengen Wortsinn «Gelegenheitsarbeit», da sie sich den besonderen Umständen einer bestimmten Gelegenheit verdanken und sich mit einem spezifischen Fragenkomplex befassen. Warum kreuzigten die Juden Jesus, wenn er in der Tat ihr lange erwarteter Messias war? Wenn Jesus durch seinen Tod, seine Auferstehung und Himmelfahrt alle Fürstentümer und Mächte wirkungsvoll geschlagen und sie sich unterworfen hatte, wie kam es dann, daß die Christen immer noch so schwer litten, als hätte Christus den Sieg nicht errungen?

Das Problem ist, so scheint es, daß die westliche Theologie allzu lange versucht hat, zu voreilig eine Universalität zu beanspruchen, auf die keine Theologie so leicht Anspruch erheben kann. Christen in anderen Teilen der Welt haben festgestellt, daß sie Antworten besaßen, und prächtige Antworten dazu, aber Antworten auf Fragen eben, die niemand in ihrer Weltgegend stellte oder stellen konnte; und als neue Theologien entstanden, die sich mit den Widersprüchlichkeiten in diesen Weltgegenden beschäftigten, haben sie sich bemüht, mit Fragen fertig zu werden, die in ihrer eigenen Situation lebensentscheidende Fragen sind. Die Folge ist, daß wir nun die Theologie der Befreiung haben, wie sie sich in Südamerika entwickelt hat, und die Schwarze Theologie, die in den Vereinigten Staaten und in Südafrika entstanden ist. Diese Theologien beschäftigen sich nicht so sehr mit der klassischen Gotteslehre, denn ihre Befürworter stellen die Existenz Gottes nicht in Frage, auch nicht seine Allmacht oder daß er ein Gott der Liebe ist. Das Problem, das sich ihnen stellt, wenn man voraussetzt, daß Gott all dies ist und mehr, ergibt sich aus der Frage: Warum konzentriert sich das Leiden in so auffallender Weise auf die Schwarzen, noch dazu ein Leiden, das nicht Heiden oder andere Ungläubige verschulden, sondern weiße Mitchristen, die sich zu dem gleichen Herrn und Meister bekennen wie die Schwarzen auch? Sie versuchen, so existentielle Fragen zu beantworten wie: «Gott, auf wessen Seite stehst du?» Ist es möglich, gleichzeitig ein Schwarzer und ein Christ zu sein? Alles, was wir soweit sagen, ist, daß wir die Eigenständigkeit eines jeden Kontextes respektieren müssen und daß wir uns ernsthaft mit den Fragen und Problemen auseinandersetzen müssen, die in ganz verschiedenen Zusammenhängen entstehen, indem wir erkennen, daß Christen in verschiedenen Erdteilen an bestimmten Wahrheiten des Evangeliums von

Jesus Christus unbedingt festhalten, während ihnen andere nicht so wichtig erscheinen, weil sie keine unmittelbare Relevanz für sie besitzen. Das gilt auch für die Wahrheiten, die die Natur der Kirche betreffen. Einige Wahrheiten über die Kirche werden für einen Kontext angemessener sein als für einen anderen und umgekehrt.

Vor einigen Jahren wurde es Mode zu sagen, daß es die Welt sei, die der Kirche ihre Tagesordnung liefere. Das war eine wohltuende Akzentverschiebung, weg von unserer ungesunden, weltlosen Jenseitigkeit, in die die Christen sich wie in ein heiliges Getto einschließen wollten, ohne sich um die Schreie der Hungernden oder das Elend der Armen und Ausgebeuteten dieser Welt weiter zu kümmern. Es herrschte eine beinahe manichäische Furcht vor der materiellen, bestehenden Welt, und Christen waren verpflichtet, die Welt, die Leiblichkeit und den Teufel absolut zu verneinen, um sich auf die kommende Welt zu konzentrieren. Deshalb behaupteten jene, die gegen solch einen unbefriedigenden Zustand protestierten, daß «Gott nicht so sehr die Kirche liebte, sondern die Welt». Solche Mahnung war wichtig und rückte die Dinge wieder zurecht, bis hin zu der Einsicht, daß wir schließlich sagen, wir glauben an die Auferstehung des Fleisches und nicht an die Unsterblichkeit der Seele, und folglich mußte die Welt ernst genommen werden als etwas, das zu preisen war. Gott schuf alles, und als er sein Werk besah, hat er mit der Befriedigung des Künstlers ausgerufen: «Seht, es war sehr gut.» Diese Akzentverschiebung war positiv, und wir müssen dafür dankbar sein, daß sie erfolgte. Und dennoch kann man sich des Verdachts nicht ganz erwehren, daß das Pendel vielleicht ein bißchen zu stark in die entgegengesetzte Richtung ausgeschlagen ist und daß (um einen anderen Vergleich zu wählen) das Kind mit dem Bade ausgeschüttet worden ist. Was ich unterstreichen möchte ist: Wir können die Kirche nicht herabsetzen und entwerten, nur weil wir den Wert der Welt erhöhen wollen. Eine geringschätzige Kirchenlehre wird zu allen möglichen Schwierigkeiten führen. Wenn die Kirche nämlich, die der Leib Jesu Christi und der Tempel des Heiligen Geistes ist, für deren Einigkeit er in der Nacht vor seinem Tode betete, wenn diese Kirche unwichtig ist, dann kann es auch mit Jesus Christus selbst nicht weit her sein. Er hat ganz eindeutig unerhört viel Zeit und Mühe darauf verwendet, sie zu begründen. Ich selbst bin der Ansicht, ohne mich einer neuen Art des Triumphialismus schuldig machen zu wollen, daß die Kirchenlehre untrennbar mit der Christologie und der Heilslehre verbunden ist. Die göttliche Kirche ist heilig und der Tempel des Heiligen Geistes und die Hüterin rettender Wahrheiten insofern, als sie der Leib von Jesu Christi ist. Sie ist fehlbar, sündhaft, weltlich und schwach insofern, als sie aus sündhaften, weltlichen und schwachen menschlichen Wesen besteht. Sie ist die Schule der Heiligen und die Wohnung der Sünder und vereint in sich die Spannungen dessen, das in der Welt, aber nicht von dieser Welt ist. Sie vereint dieselben Spannungen in sich, die in dem einzelnen Christen bestehen, der mit Christus gestorben und begraben ist und mit ihm auferstanden und gen Himmel gefahren ist, aber dennoch im täglichen Leben das Gerangel zwischen dem alten und dem neuen Adam weiterhin erlebt. Die Kirche vereint Spreu und Weizen in sich und muß den Tag des Gerichts abwarten, bevor beides endgültig voneinander getrennt wird. Ich habe eine hohe Auffassung von der Kirche, denn ich glaube, wie wir es alle tun, daß sie in dem göttlichen Heilsgeschehen einen festen Platz einnimmt. Sie ist das geistliche Reich, in dem die Mauern der Trennung niedergerissen worden sind: Männer, Frauen und Kinder aller Rassen bekennen sich jetzt zu einem Gottvater, einem Heiland, Herrn und Meister und dem heiligenden Heiligen Geist. Die Kirche ist gegenwärtig an allen Ecken und Enden der Welt, sie umfaßt die Lebenden und die Toten mit einer Allgemeingültigkeit, die alles überschreitet, das menschliches Wesen voneinander getrennt hat. Sie nimmt Teil an dem Amt der Versöhnung, das ihr anvertraut worden ist, weil sie apostolisch ist. Sie besteht in der Welt um der Welt willen, um den heiligen und herrlichen Namen Gottes zu lobpreisen und zu ehren. Sie ist Vorwegnahme des Reiches Gottes, indem sie seine Herrschaft über alle Bereiche des Lebens – politisch, wirtschaftlich und sozial – proklamiert, indem sie falsche Dichotomien zerstört und uns daran erinnert, daß wir Bürger des himmlischen Reiches sind und daß die Menschheitsgeschichte von Bedeutung ist und zählt, weil sie der Schauplatz göttlichen Handelns ist und sich auf ein Ziel zubewegt, ein Ende, eine glorreiche Erfüllung, wenn Gott alles in allem sein wird. Darum kann sie, wenn sie ihrer Berufung treu ist, niemals irgendeinen Status quo absegnen, denn Gott, unser Gott, ist der Gott der Überraschungen, der uns stets weitere Ausblicke eröffnet. Wir blicken einer Stadt entgegen, die nicht von dieser Welt ist, sondern erst kommen wird, deren Architekt und Erbauer Gott ist. Sie hält ihren Kindern die Freude und die Herrlichkeiten der beseeligenden Vision vor Augen. Weil wir für Gott geschaffen sind, werden unsere Herzen immer ruhelos bleiben, bis sie Ruhe finden in ihm.

In Südafrika, um nunmehr auf einige Besonderheiten einzugehen, muß die Kirche Gottes die Hoffnung eines Volkes stärken, das versucht ist, den Mut sinken zu lassen, weil die Mächte dieser Welt übermächtig zu sein scheinen. Es sieht nicht so aus, als ob es ohne großes Blutvergießen und ohne Gewalt zu einem bedeutsamen politischen Wandel kommen kann, und Gott scheint das nicht zu kümmern, oder er ist machtlos. Die Kirche Gottes muß sagen, daß allem Anschein zum Trotz dies immer noch die Welt Gottes ist. Er bekümmert sich, er bekümmert sich sehr. Sie muß sagen, daß seine Welt ein moralisches Universum ist, das wir bewohnen, daß richtig oder falsch in der Tat eine Rolle spielen und daß die Wiederauferstehung Christi verkündet, daß das Recht sich durchsetzen wird. Güte und Liebe und Gerechtigkeit und Frieden sind nicht illusorisch oder eine Fata Morgana, die sich für immer unserem Zugriff entzieht. Die Kirche muß sagen, daß Jesus Christus das Reich Gottes gestiftet hat, das ein Reich der Gerechtigkeit, des Friedens, des erfüllten Leben ist; daß Gott auf der Seite der Unterdrückten, der Ausgestoßenen und der Ausgebeuteten steht. Er ist ein Gott der Armen, der Hungrigen, der Nackten, mit denen die Kirche sich identifiziert und solidarisch zeigt. Die Kirche in Südafrika muß die prophetische Kirche sein, die ruft: «So spricht der Herr!», indem sie protestiert gegen Ungerechtigkeit und Gewalt, gegen Unterdrückung und Ausbeutung, gegen alles, was die Kinder Gottes entmenschlicht und herabwürdigt, so daß sie nicht werden können, was sie nach dem Willen Gottes sein sollten. Die Kirche Gottes muß in diesem Zusammenhang dem Beispiel ihres Herrn und Meisters folgen, der ein Handtuch um seinen Leib schlang, um die Füße seiner Jünger zu waschen. Ebenso wie er der Mensch für andere war und ist, ebenso muß die Kirche, sein Leib, für andere hingegeben werden. Sie muß die Kirche für andere sein, sich selbst um der anderen willen verausgaben; sie muß sich ausnutzen lassen, verwundbar sein und jedes Bündnis mit den Herrschenden dieser Welt ausschlagen, das ihr Vorrechte verleihen würde, die blind machten für das Elend und den Kummer der Notleidenden, der geringsten der Brüder Christi, die sie taub machten für deren Hilferufe. Sie darf sich nicht in falschen Dichotomien verfangen wie in die zwischen geistlich und materiell oder zwischen Anbetung und Dienst, denn eine Anbetung Gottes, die nicht zu Fürsorglichkeit gegenüber den Armen führt, sie nicht zum Sprecher für die werden läßt, die keine Stimme haben, solche Anbetung ist am Ende ohne Wert und eine Gotteslästerung. Gott zu lieben schließt die Liebe zum Nächsten ein. Sie gehen entweder zusammen oder sind beide falsch. Sie muß die Liebe und das Erbarmen und die Gerechtigkeit und die Versöhnung verkörpern, die Christus bringt.

Die Kirche muß unablässig für Gerechtigkeit eintreten, denn nur so kann sie auf die Aussöhnung hinarbeiten. Und weil sie ihren Nächsten lieben muß, wird sie leiden. Das wird beinahe ihr Kennzeichen sein. Das wird ihr Glaubwürdigkeit verbürgen. Dies ist es, was wir anfänglich als Einstieg benutzt haben, daß nämlich eine glaubwürdige Kirche nur eine leidende und dienende Kirche sein kann. Wie könnte es auch anders sein, wenn sie der Leib des leidenden Dieners des Herrn ist? Jede Kirche muß daher in ihrer eigenen Situation für sich entscheiden, was es bedeutet, die Kirche in ihrer Welt zu sein. Und sie kann nicht entmutigt werden, denn ihr steht die ganze Macht Gottes zu Gebote.

Epheser 1, 18–23.

Wir sind niemals allein.

*Oktober 1981, Kapstadt*

# Der Wille Gottes

*Präambel*

Herr Vorsitzender und verehrte Mitglieder der Eloff-Kommission*, ich möchte der Kommission und ihren Mitarbeitern zunächst den Dank des SACC aussprechen für die Art und Weise, wie sie mit dem Kirchenrat bei ihrer Untersuchung umgegangen sind. Hätten sie unsere Bücher und Unterlagen weggenommen, hätten sie unsere Arbeit sehr leicht lahmlegen können. Statt dessen haben sie bei der Prüfung unserer Unterlagen darauf geachtet, unsere Arbeit so wenig wie möglich zu stören – dafür sind wir dankbar.

Zweitens möchte ich am Anfang kurz andeuten, was ich im Hauptteil meiner Sachvorlage auszuführen hoffe. Ich habe vor, durch Zitate aus der Heiligen Schrift und der heiligen christlichen Tradition und Lehre zu zeigen, daß die Existenz des SACC, sein Reden und Tun nicht von Politik oder anderer Ideologie bestimmt sind. Was wir sind, sind wir im Gehorsam gegen Gott und in Erwiderung auf das barmherzige Evangelium seines Sohnes, unseres Herrn und Erlösers, Jesu Christi. Unsere letztgültige Treue schulden wir nicht irgendeiner menschlichen Autorität, wie großartig und mächtig sie auch immer sein mag, sondern allein Gott und seinem Sohn, unserem Jesus Christus, von dem wir unser Mandat erhalten. Wir müssen diesem göttlichen Gebot und Wort gehorsam sein, was es auch kosten mag.

Unser Reden und Tun, auch unsere Existenz, all dies muß darauf geprüft werden, ob es mit dem Evangelium Jesu Christi übereinstimmt oder nicht, und nicht darauf, ob es für die derzeitige im Amt befindliche Regierung nützlich oder sogar annehmbar ist. Um den Charakter des Kirchenrates, seine Ziele, seine Absichten und Aktivitäten zu verstehen, ist es notwendig, den theologischen Grund unserer Existenz auszulegen. Ohne diese biblische und theologische Rechtfertigung werden Sie gewiß nicht verstehen, was es mit uns auf sich hat. Daher möchte ich betonen, daß es nicht um die Untersuchung unserer Finanzen geht, auch nicht um die Untersuchung irgendwelcher anderen Aktivitäten des SACC. Es ist unser christlicher Glaube, es sind die

*Die Eloff-Kommission – 1981 von der südafrikanischen Regierung eingesetzt zur Untersuchung des Südafrikanischen Kirchenrats (SACC) – führte 18 Monate lang einen ‹Prozeß› durch gegen den Kirchenrat, in dem die politische Opposition südafrikanischer Kirchen gegen die Apartheidpolitik unter Anklage stand.

christlichen Kirchen, es sind die Mitglieder des SACC, die unter Anklage stehen. Es sind unser Christentum, unser Glauben und daher unsere Theologie, die zur Debatte stehen; die Hauptstreitfragen sind also zutiefst theologischer Natur. Von Ihnen als der Kommission wird verlangt festzustellen, ob unser Verständnis und unser Ausüben des christlichen Glaubens bestehen kann. Wir stehen unter Anklage, weil wir Christen sind, und das unter einer Regierung, die von sich behauptet, christlich zu sein. Es mag sein, daß man uns erklären wird, es sei ein Vergehen, Christ in Südafrika zu sein. Das ist, was Sie feststellen sollen. Und das ist eine von Grund auf theologische Aufgabe.

Ich werde zeigen, daß die Bibel Gott beschreibt als einen, der das Universum als einen Kosmos und nicht als Chaos geschaffen hat, einen Kosmos, in dem Harmonie, Einigkeit, Ordnung, Gemeinschaft, Brüderlichkeit, Friede und Gerechtigkeit herrschten, und daß dieses göttliche Ziel durch Sünde zerstört wurde. Das Ergebnis war Zwietracht, Entfremdung, Unruhe, Chaos, Feindschaft, Trennung, und dies im Angesicht Gottes, der seinen Sohn sandte, um die ursprüngliche Harmonie wiederherzustellen und Versöhnung zu stiften.

Indem er in Jesus Christus menschliche Gestalt annahm, zeigte Gott, daß er die ganze menschliche Geschichte und das ganze menschliche Leben ernst nahm. Er offenbarte sich als Herr über das ganze Leben – geistlich und weltlich, heilig und profan, materiell und geistig. Wir werden zeigen, daß das Evangelium und die Hauptströmungen in der christlichen Tradition und Lehre nichts über die Gegensätze wissen, die in unserer Zeit so populär sind und die die Trennung der Religion von der Politik usw. verlangen. Ich werde beweisen, daß diese Fragen zutiefst theologischer Natur sind, die den Charakter, die Arbeit und Einstellung des SACC beeinflussen. Unser Gott macht sich etwas daraus, daß Kinder in Umsiedlungslagern verhungern, so nennt man ja wohl diese Schuttabladeplätze der Apartheid für die armseligen Opfer dieses gemeinen und bösartigen Systems; und das ist ja fast schon ein respektabler Name. Der Gott, den wir anbeten, macht sich etwas daraus, daß Menschen unter mysteriösen Umständen in Untersuchungshaft sterben. Es kümmert ihn, daß Menschen als «Un-Personen» zu einem schattenhaften Dasein verurteilt werden, daß sie unter Bann gestellt werden durch eine willkürliche bürokratische Anordnung, ohne die Chance, auf die gegen sie vorgebrachte Anklage zu antworten. Ich werde dies anhand der Bibel zeigen. Ich könnte auch hinzufügen, daß ich Gott – falls er sich nichts aus diesen und ähnlichen Sachen machen würde – nicht anbeten würde, weil er dann ein total sinnloser Gott wäre. Gott sei Dank, solch ein Gott ist er nicht.

Ich werde zeigen, daß Jesu zentrales Werk die Versöhnung zwischen Gott und uns und zwischen Mensch und Mensch war. Daher werde ich von theologischer und biblischer Grundlage her zeigen, daß Apartheid, getrennte Entwicklung oder wie man es sonst nennen mag, böse ist, und daß sie unchristlich und unbiblisch ist. Vor kurzem wurde sie zur Häresie erklärt von einem internationalen Gremium verantwortungsvoller Christen, dem die Nied. Reformierten Kirchen angehören, das daher also nicht als sogenannte linksradikale Organisation abgetan werden kann; es sei denn, man will dieses Attribut auch für die NGK und die NHK benutzen, die sich verletzt fühlten, daß ihre Mitgliedschaft in diesem ehrwürdigen Gremium, dessen Präsident heute morgen hier im Gericht anwesend ist, suspendiert wurde. Falls irgend jemand mir zeigen könnte, daß Apartheid christlich und biblisch sei – ich habe das früher schon gesagt und ich wiederhole es nun –, würde ich meine Bibel verbrennen und aufhören, Christ zu sein. Ich werde zeigen, daß die christliche Bibel und das Evangelium Jesu Christi, unseres Herrn, «subversiv» sind gegenüber aller Ungerechtigkeit und allem Bösen, aller Unterdrückung und Ausbeutung und daß Gott auf der Seite der Unterdrückten steht, daß er der befreiende Gott des Exodus ist, der sein Volk aus jeder Gefangenschaft führt, sei sie geistig, politisch, sozial oder wirtschaftlich; und nichts wird ihn daran hindern, sein Ziel – die Befreiung seines Volkes und seiner ganzen Schöpfung – zu erreichen.

Wir werden zeigen, daß der SACC und seine Mitgliedskirchen keine windige Organisation von Traumtänzern sind. Wir gehören zur Kirche Gottes, einer Kirche, die Kirche ist für das ganze bewohnte Universum. Das ist es, was das Wort «ökumenisch», das aus dem Griechischen kommt, bedeutet. Die Kirche ist der Leib Jesu Christi, dessen Glieder wir sind, und sie ist eine übernatürliche, göttliche Gemeinschaft, ins Leben gerufen durch Gott selbst, durch seinen Heiligen Geist. Sie ist nicht nur eine menschliche Organisation, beschränkt durch nationale und ethnische Grenzen. Sie überschreitet Zeit und Raum, Rasse, Kultur und Geschlecht, Nationalität und all die Dinge, die den Menschen manchmal so wichtig vorkommen. Ich bin Bischof der Kirche Gottes – das wurde mir zugesprochen, als ich gewählt wurde –, so daß ich Bischof der Kirche bin, auch wenn ich in Timbuktu bin oder in Korea; ich bin ein Bischof der Kirche in Rußland und in den USA. Wir gehören einer Kirche an, die die Lebenden einbezieht – die kämpfende Kirche genannt; die die Toten einbezieht – die ruhende Kirche genannt; die die Heiligen in ihrer Herrlichkeit einbezieht – die triumphierende Kirche genannt.

Theologisch gesehen habe ich Brüder und Schwestern, die ich von

Angesicht noch nie gesehen habe und wahrscheinlich auch in Zukunft nie sehen werde, aber ontologisch gesehen, sind wir eins in unserem Herrn Jesus Christus, und ich weiß, daß sie uns durch ihre Gebete, mit ihrer Liebe, mit ihrer Fürsorge sogar jetzt aufrechterhalten. Die Vertreter Ihrer Kommission werden dies erfahren haben, als sie vor kurzem den USA einen Besuch abstatteten. Weil das Wesen der Kirche theologischer Natur ist, bringen wir unsere Einheit auf verschiedene Art und Weise zum Ausdruck – in unseren Gebeten füreinander, aber auch indem wir Mittel ausgleichen, die bei anderen Kirchen fehlen, usw. Wenn eine Kirche einer anderen personelle, materielle oder finanzielle Mittel gibt, so ist dies tatsächlich nichts Besonderes. Es ist ganz normal. Es ist ein Ausdruck der christlichen Nächstenliebe, der Koinonia (Gemeinschaft – Anm. d. Red.). Wir würden uns freuen, wenn die örtlichen Kirchen sich selbst versorgen könnten, aber es ist nichts Falsches daran, wenn ein reicherer Teil der Kirche von dem Reichtum abgibt, den sie nur stellvertretend für Gott, von dem alles kommt, verwaltet. Sie gibt und sie empfängt. Dies ist die Gegenseitigkeit des Gebens und Nehmens wie in einer liebenden Familie. Diejenigen, die den SACC wegen der so großen Unterstützung aus Übersee kritisieren, zeigen ihre beklagenswerte Ignoranz hinsichtlich der Ekklesiologie, der Theologie vom Wesen der Kirche Gottes – wenn ein Teil leidet, leiden alle anderen mit ihm, und wenn ein Teil sich freut, freuen sich alle mit ihm.

Drittens schulden wir letztendlich – das habe ich schon gesagt – unsere Loyalität und Ergebenheit einzig und allein unserem Gott. Mit allem Respekt möchte ich sagen, daß keine weltliche Autorität, auch keine von ihr ernannte Kommission, irgendwelche Befugnisse besitzt festzustellen, inwiefern eine Kirche Kirche ist und was die Charakteristika des Evangeliums von Jesus Christus sind. Wenn eine weltliche Behörde das versucht, dann maßt sie sich widerrechtlich göttliche Privilegien und die Vorrechte der Kirche als solche an. Mit Respekt gesagt: Wir erkennen das Recht der Kommission nicht an, Fragen über unsere theologische Existenz zu stellen oder über irgendeinen anderen Aspekt unseres Handelns als Rat der Kirchen, denn jeder andere Aspekt unserer Existenz ist von theologischen Komponenten bestimmt, wie ich bereits gesagt habe. Nur unsere Mitgliedskirchen können von uns Rechenschaft verlangen. Falls wir irgendwelche Gesetze des Landes verletzt haben, so brauchen Sie keine Kommission, um das festzustellen. Die Regierung hat genügend viele drakonische Gesetze zur Verfügung, und die Gerichte sind die geeigneten Orte, um festzustellen, ob wir schuldig oder unschuldig sind. Diese Kommission ist, mit Respekt gesagt, vollkommen überflüssig.

Wir haben einer Anhörung durch sie zugestimmt, nur weil wir nichts zu verbergen haben, was nicht bedeutet, daß wir unfehlbar sind. In unserer schriftlichen Vorlage an die Kommission geben wir zu, daß wir fehlbar sind und daß wir Fehler gemacht haben. Gleichzeitig müssen wir hinzufügen, daß wir versucht haben, diese Fehler zu korrigieren; darüber zu urteilen jedoch steht nur unseren Mitgliedskirchen zu und nicht der Regierung oder irgendeiner anderen weltlichen Behörde. Es ist geradezu lächerlich, uns den Vorwurf zu machen, wir seien Sünder, und so zu tun, als ob dies eine wichtige wissenschaftliche Entdeckung sei, denn das liegt – vom christlichen Standpunkt aus gesehen – ganz einfach auf der Hand. Es ist selbstverständlich. Wir sind gerechtfertigt, und wir sind gleichzeitig Sünder. Nicht unser eigenes Gutsein erlöst uns, sondern die gütige Barmherzigkeit Gottes. Und wiederum: Weder die Regierung noch irgendeine andere weltliche Behörde hat das Recht, ein Urteil darüber zu fällen. Nur Gott kann dies tun. Und wenn die Regierung sich Gottes Vorrecht widerrechtlich anmaßt, dann tut sie nicht nur Unrecht, sondern sie handelt blasphemisch.

Die Regierung ernannte diese Kommission aus einem ganz offenkundigen Grund. Sie hat schon früher Kommissionen benutzt, um sich unliebsamer Opposition zu entledigen. Ich bestreite die Integrität der Kommission und die ihrer Mitglieder in keiner Weise, aber ich möchte der Regierung jetzt und für immer klarmachen, daß ich sie nicht fürchte. Sie versuchen, etwas zu verteidigen, was einfach gar nicht zu verteidigen ist.

Apartheid ist genauso bösartig und verwerflich wie der Nationalsozialismus, und die Regierung wird völligen Schiffbruch erleiden, wenn sie sich auf die Seite des Bösen, der Ungerechtigkeit und der Unterdrückung stellt. Die Regierung ist nicht Gott, sie besteht aus normalen Menschen, die sehr bald wie andere Tyrannen vor ihnen im Staub versinken werden. Sie müßten wissen, daß sie – wenn sie es mit dem SACC aufnehmen – daß sie es dann mit der Kirche Gottes aufnehmen, und diejenigen, die dies in der Vergangenheit getan haben, die Neros, die Hitlers, die Amins dieser Welt, endeten, wie ich schon bei einer anderen Gelegenheit erwähnt habe, als Strand- und Treibgut der Geschichte. Christus hat uns versichert, daß seine Kirche auf einen Felsen gebaut ist und daß sogar die Hölle nicht die Oberhand über sie gewinnen kann. Die Auferstehung unseres Herrn und Erlösers verkündigt allen, daß das Leben über den Tod triumphieren wird, das Licht über die Dunkelheit, das Gute über das Böse, die Gerechtigkeit über die Ungerechtigkeit und die Freiheit über die Tyrannei. Ich stehe vor Ihnen als einer, der leidenschaftlich an das glaubt, was Paulus sagte: «Wenn Gott für uns ist, wer kann wider uns sein.»

Man kann sagen, daß die Suche nach der Einheit der Kirche und der Menschheit ein zentrales Anliegen des SACC ist. Aber ist Einheit ein zentrales biblisches Anliegen? Oder ist es nur eine Randerscheinung des Glaubens, etwas, mit dem diejenigen, denen es liegt, sich beschäftigen, wie mit einem «Extra», das man tun, aber auch lassen kann? Ich möchte zeigen, daß das Programm und die Richtlinien des SACC und seiner Mitgliedskirchen in dieser Frage festgelegt wurden nach dem, was das Evangelium als den Willen Gottes, des Herrn und Vaters unseres Herrn Jesu Christi, offenbart hat. Ich möchte betonen, daß diese Sorge um Einigkeit nicht erst mit dem Aufkommen der ökumenischen Bewegung zum zentralen Anliegen wurde. Nein, die Heilige Schrift verkündet diese Einheit; die Einheit der ganzen Menschheit war von Anfang an Gottes Absicht, von Beginn der Schöpfung an. Der SACC ist eingebunden in einen göttlichen Auftrag. Gott selbst hat ihn zur Mitarbeit aufgerufen. Er ist Überbringer der Botschaft von Gottes Barmherzigkeit, des göttlichen Erbarmens und der Sorge nicht nur für die ganze Welt und nicht nur für die Menschen, sondern für die ganze Schöpfung.

Beginnen wir am Anfang, wo auch die Bibel zu beginnen scheint, das heißt, mit der Schöpfung all dessen, was existiert. Der erste Schöpfungsbericht hat seinen Höhepunkt in Genesis 1,26, wo Gott sagt: «Lasset uns Menschen machen, ein Bild, das uns gleich sei, die da herrschen über die Fische im Meer und über die Vögel unter dem Himmel und über das Vieh und über alle Tiere des Feldes und über alles Gewürm, das auf Erden kriecht.» Die Menschen sind, nach den Worten des heiligen Augustinus von Hippo, geschaffen von Gott, Gott gleich, für Gott. Gott hat den Menschen erschaffen, zu seinem stellvertretenden Herrscher, zu seinem Vertreter, der über die restliche Schöpfung im Namen Gottes regiert. Das ist das hohe Privileg, das jedem Menschen, Mann oder Frau, verliehen worden ist, wie die Textstelle weiter ausführt: Jeder Mensch ist Gottes Vertreter, sein eigener stellvertretender Herr und Botschafter; und Rasse oder Nationalität oder Hautfarbe werden nicht erwähnt. Allein die Tatsache, daß die Menschen Gottes Geschöpfe sind, verleiht ihnen diesen unendlichen und ewigen Wert. Ich möchte darauf aufmerksam machen, daß der biblische Autor den Anfangszustand der Welt als einen Zustand beschreibt, in dem Harmonie, Einigkeit, Gemeinschaft und Freundlichkeit herrschen.

Der zweite Schöpfungsbericht spricht über das idyllische Paradies von Eden, in dem Adam und Eva glücklich lebten. Es gab reichlich

Nahrung. Adam gab den Tieren Namen, um seine Herrschaft über die ganze Schöpfung zu zeigen. Adam und Eva waren wie arglose Fremde, in direkter Verbindung zu Gott, der sie besuchte, wie ein Mensch seine Freunde besucht, «sie hörten Gott den Herrn, wie er im Garten ging, als der Tag kühl geworden war». Die Tiere machten nicht Jagd aufeinander. Der Löwe spielte mit dem Lamm. Das Bild, das wir von der Schöpfung haben, ist das einer Schöpfung voller Frieden, voll überfließender Harmonie, Einheit und Gemeinschaft. Daß dies Gottes Absicht für das gesamte Universum war, weil Einigkeit Frieden bedeutet und Wohlstand, Gemeinschaft, Gerechtigkeit, Ganzheit, Mitleid, Liebe und Freude. Das wurde ausgedrückt in dem fast unübersetzbaren hebräischen Wort «Shalom». Es war ein Zustand, wo Gottes Wille getan wurde, wo seine Gesetze befolgt wurden. Die Bibel erzählt, daß alles dann schrecklich schieflief, weil die Sünde in die Schöpfung einbrach. Es wird nicht über den Ursprung der Sünde spekuliert. Wir haben eine philosophisch-phänomenale Berichterstattung darüber, was nach dem Erscheinen der Sünde geschah. Die ursprüngliche Einheit wurde zerbrochen. Wo Einheit war, war nun Uneinigkeit, Harmonie wurde durch Disharmonie ersetzt. Es kam zu Entfremdung, zu Haß und Feindschaft. Brüderlichkeit und Gemeinschaft wurden zerstört, und nicht nur die Menschen waren davon betroffen. Die restliche Schöpfung fiel mit der Menschheit. Der Erdboden brachte Disteln hervor. Es gab Mord und Totschlag (Kain/Abel), Krieg und Streit. Und die Geschichten des Buches Mose gipfeln in der niederschmetternden Geschichte vom Turmbau zu Babel, in deren Verlauf menschliche Gemeinschaft und Freundschaft unmöglich werden – die Menschen können nicht mehr miteinander sprechen, weil Gott ihre Sprachen durcheinandergebracht hat und die Menschen auseinandergerissen wurden. Dies ist nach Meinung der Bibel die schrecklichste Folge der Sünde: Trennung, Entfremdung, Auseinandersein. Es wäre eine perverse Auslegung der Bibel zu unterstellen, die Geschichte vom Turmbau zu Babel sei eine Rechtfertigung für die Rassentrennung, eine göttliche Sanktion für die Mannigfaltigkeit der Nationen. Es wäre, als ob man erklärte, die göttliche Bestrafung der Sünde wäre zum göttlichen Ziel für die Menschheit geworden. Das ist eine Position, die von der Bibel her nicht zu stützen ist.

Die ganze Situation zum Schluß der Geschichte vom Turmbau zu Babel schreit nach Versöhnung, nach Sühne. Bitte bemerken Sie, daß dieses Wort «Sühne» (engl.: «atonement» – Anm. der Red.) auch «Ineins-Sein» (engl.: «at-one-ment» –) bedeutet, was soviel heißt wie «einig-sein», Versöhnung derjenigen, die getrennt und geteilt sind.

geistig und örtlich

Versöhnung bedeutet, Freundschaft zustande bringen, diejenigen zusammenzubringen, zu vereinen, die vorher uneinig waren, die vorher verfeindet waren, die einander entfremdet waren.

Man könnte sagen, die Geschichte der Bibel sei die Geschichte von Gottes Werk, von Gottes Vorhaben, die Harmonie, die Einigkeit, die Brüderlichkeit, die Gemeinschaft, die Gemeinde, die am Anfang da war, wiederherzustellen, damit die Herrschaft seines Reiches wieder neu anerkannt werde. Dies ist das göttliche Streben und das göttliche Werk, an dem der SACC beteiligt ist, wenn er für die Einigkeit der Kirchen und der Menschheit betet und arbeitet.

Gelegentlich wird diese Sehnsucht nach Herstellung des verlorenen Paradieses in einem wiedergewonnenen Paradies in der Heiligen Schrift deutlich. In der Beschreibung des kommenden Zeitalters – das messianische Zeitalter genannt nach dem Messias, dem von Gott eingesetzten Stellvertreter, dazu ausersehen, Gottes Herrschaft aufzurichten, Gottes Reich – vernehmen wir das Echo aus der Zeit der Entstehung der Welt.

Und so schickte Gott seinen Sohn zur Versöhnung, um die «Sühne» und «Einigkeit» zustande zu bringen, damit Einheit, Harmonie, Frieden, Gerechtigkeit, Gemeinschaft, Freundlichkeit, Mitleid, Ganzheit erreicht werden, die von Anfang an sein Ziel für die Schöpfung waren. Paulus sagt: «Denn Gott war in Christo und versöhnte die Welt mit ihm selber» (2. Kor. 5, 19).

Jesus erklärte, als er über seine bevorstehende Kreuzigung sprach: «Wenn ich von der Erde erhöht werde, will ich alle zu mir ziehen.» Damit betonte er, daß sein wichtigstes Anliegen war, die Welt zu vereinen und zu versöhnen. Und in dem Evangelium von Johannes findet man das, was in der Tradition als das Hohepriester-Gebet unseres Herrn bezeichnet wird, wie es geschrieben steht im Kapitel 17. Und der Kern des Gebets ist die Bitte, daß seine Jünger eins sein möchten, so wie der Vater und der Sohn eins sind (Johannes 17, 20–23).

Jesus = Gott

Der SACC ist besorgt um die Einheit in jeder Hinsicht; denn er ist aufgerufen, die Frohe Botschaft zu verkündigen von Gottes Liebe für seine Welt, für die er seinen einzigen geliebten Sohn gab; in Gehorsam gegenüber dem Auftrag, den unser Herr seinen Jüngern gab, als er sagte: «Mir ist gegeben alle Gewalt im Himmel und auf Erden. Darum gehet hin und lehret alle Völker und taufet sie im Namen des Vaters und des Sohnes und des Heiligen Geistes und lehret sie halten alles, was ich euch befohlen habe. Und siehe, ich bin bei euch alle Tage bis an der Welt Ende» (Mt. 28, 18–20).

Dies ist das göttliche Handeln, in das der SACC und seine Mitgliedskirchen eingebunden sind. Wir sollen mit unserem Leben zeigen, daß

Jesus, den wir als Herrn und Meister anbeten, die Mauer und die Trennung zwischen den Juden und Heiden niedergerissen hat (Epheser 2, 11–22). Diese Bewegung, dieses göttliche Streben zielt auf Vereinigung, auf Versöhnung und auf Sühne.

Die einzige Trennung, die die Bibel kennt, ist die Trennung zwischen Gläubigen auf der einen Seite und Ungläubigen auf der anderen. Jede andere Art der Trennung, der Teilung, der Uneinigkeit ist vom Teufel. Sie ist böse und sündig.

Muß ich immer noch zeigen, daß Apartheid etwas Böses ist, nach alldem, was ich über die zentrale Funktion gesagt habe, die Einigkeit und Versöhnung in der Bibel haben?

Apartheid ist gottlos – mindestens aus drei Gründen:

a) Die Bibel erklärt ganz zu Anfang, daß die Menschen nach dem Ebenbild Gottes geschaffen wurden. Ich habe gezeigt, warum diese Tatsache jeden Menschen mit einem einmaligen und ewigen Wert ausstattet, eine Person, deren Haare sogar einzeln gezählt sind. Was einen Menschen so wertvoll macht, ist also keine biologische Eigenschaft. Nein, es ist die Tatsache, daß er/sie nach dem Ebenbild Gottes erschaffen wurde. Apartheid verleiht einer biologischen Eigenschaft, die ganz unwichtig ist, einen Status, der den Wert und die Tauglichkeit eines Menschen festlegt.

Warum sollte Hautfarbe oder Rasse zweckdienlicher als Kriterium sein als – sagen wir – die Größe einer Nase? Was hat die Größe meiner Nase damit zu tun, ob ich intelligent bin, usw.? Sie hat nicht mehr mit meinem Wert als Mensch zu tun als meine Augenfarbe.

b) Zweitens: Versöhnung ist das Wichtigste, was Jesus auf Erden in Angriff genommen hat. Das, was bereits geschehen ist, habe ich schon gezeigt. Er kam, um menschliche Gemeinschaft und Brüderlichkeit wiederherzustellen, die die Sünde zerstört hatte. Er kam, um uns zu sagen, daß Gott uns geschaffen hat für Gemeinschaft, für «Koinonia», für ein Zusammenleben, ohne dadurch Unterschiede und kulturelle Verschiedenheit zu vernichten. Apartheid leugnet dieses zentrale Anliegen von Jesus ganz bewußt, weist es zurück und behauptet, wir seien für Trennung, Uneinigkeit, Feindschaft und Entfremdung geschaffen worden, die, wie wir gezeigt haben, Folge der Sünde sind. Schon allein aus diesem Grund ist Apartheid ganz und gar unchristlich und unbiblisch, denn sie verleugnet nicht nur eine Nebensache, sondern die zentrale Wahrheit des christlichen Glaubens.

Wir glauben, daß Gott entscheidend in die Geschichte eingegriffen hat in und durch Jesus Christus, der Gott selbst ist und doch ein wirklicher Mensch geworden ist, durch jene überwältigende, göttliche

Herablassung, die Menschwerdung genannt wird, in der Gott Mensch wurde. Durch diese Tat bekräftigte Gott die einzigartige Wichtigkeit der menschlichen Geschichte und des ganzen menschlichen Lebens.

Gott hat erklärt, daß er ein eifersüchtiger Gott ist, der keines Gleichen neben sich duldet. «Ich bin der Herr Dein Gott und Du sollst keine anderen Götter haben neben mir.» Er war und ist der Herr über alles Leben. Wenn Jesus auf Menschen traf, die krank waren oder hungrig oder nackt, schickte er sie nicht mit einem frommen «Wir werden dafür beten» weg. Nein, er gab den Hungrigen zu essen, er heilte die Kranken, er reinigte die Lepra-Kranken, er trieb die Dämonen aus. Und indem er dies alles tat, demonstrierte er die Gegenwärtigkeit des Reiches seines Vaters (Lukas 11, 14–20). Als Johannes der Täufer in Gefangenschaft war, fragte er, ob er, Jesus, tatsächlich der Messias sei; da erinnerte ihn Jesus an das, was er getan hatte, und das waren auch ganz konkrete und materielle Dinge, die hier und jetzt geschehen waren als Zeichen des Reiches (Lukas 7, 18–23). Das alles waren Dinge, die ganz und gar religiös und geistlich waren, und doch waren viele von ihnen so physisch, so materiell, so weltlich, so profan. In seiner ersten schriftlich überlieferten Predigt verwendet Jesus Worte aus dem Buch des Propheten Jesaja, um seine Mission zu beschreiben (Lukas 4).

Ich möchte betonen, daß dies absolut politische, absolut weltliche Dinge sind. Wenn wir sagen, daß Religion nichts mit Politik zu tun haben soll, dann sagen wir in Wirklichkeit, daß für einen erheblichen Teil unseres menschlichen Lebens Gottes Heilige Schrift keine Bedeutung hat. Wenn dieser Teil nicht Gott zugehört, wem dann? Wer ist dafür verantwortlich, wenn nicht Gott, der Vater unseres Herrn Jesus Christus?

Über «Kirche und Politik» wäre viel zu sagen. Ist es nicht bezeichnend, wie oft man Menschen und Kirchen den Vorwurf macht, Religion mit Politik zu vermengen? Das geschieht immer dann, wenn sie ein bestimmtes Gesellschaftssystem als ungerecht verurteilen. Nehmen wir an, der SACC würde als seine Meinung verkünden, Apartheid sei gar nicht so schlecht; ich bin felsenfest davon überzeugt, daß wir uns dann nicht dort befänden, wo wir heute sind. Warum bedeutet es keine politische Einmischung, wenn ein kirchliches Gremium oder ein Kirchenführer ein gesellschaftspolitisches System lobt?

Ich möchte einige merkwürdige Worte zitieren. Ich werde nachher erklären, woher sie stammen, Euer Gnaden. Ich beginne mit Paragraph 2; die Überschrift lautet:

Weiterhin im Status quo:

«Das andere Extrem ist jedoch noch fataler für die Wirkung des Bekenntnisses der Kirche in der Welt, und das ist das widerstandslose Hinnehmen ungerechter Zustände. Niemals darf über die gesellschaftliche Bedeutung des Evangeliums von Christus geschwiegen werden. Es kann kaum Zweifel geben, daß das gegenwärtig niedrige Niveau des spirituellen Lebens in nicht geringem Maße eine Folge der Verwässerung der ewigen Wahrheiten ist. Überall sehnt sich die Kirche nach Erneuerung und betet dafür, aber ist es realistisch – psychologisch gesehen –, ein enthusiastisches, freudiges geistiges Leben bei denen zu erwarten, die in Armut, Hunger und Entbehrung leben? Moses und Aaron wollten auch neue Hoffnung und neuen Mut in den Herzen ihrer versklavten Mitmenschen entfachen, aber was lesen wir in Exodus 6,8? ‹Aber sie hörten nicht auf Moses in ihrer Mutlosigkeit und grausamen Knechtschaft.›»

Paragraph 3: Die Anklage gegen die Kirche

«Die schwerste Anklage gegen die Kirche wird genau deshalb erhoben, weil viele Menschen meinen, daß sie über das Elend von Joseph nicht getrauert, sondern Ungerechtigkeit, Ausbeutung und Zwang stillschweigend hingenommen hat. Die evangelisch-lutherische Kirche veranstaltete 1931 eine Umfrage in einem großen Vorort von Berlin unter tausend ehemaligen Mitgliedern, die die Kirche verlassen hatten. Nicht einer nannte Einwände gegen die Lehren der Kirche als Grund für sein Ausscheiden. Der große Vorwurf war, daß die Kirche sich nicht um Gerechtigkeit oder um die Unterdrückten kümmere. Die Kirche identifizierte sich nur mit denen auf der Sonnenseite des Lebens, mit denen, die ihr Unterstützung versprachen, und zwar nicht aufgrund hoher moralischer Ideale, sondern aus eigennützigen Motiven. Die Kirche war auf der Seite der herrschenden Klasse, und anstatt ihren Despotismus und ihre Ungerechtigkeit anzuklagen und zu verurteilen, ermahnte sie die Armen und Unterdrückten, sich zu fügen und ihre schwere Last geduldig zu tragen, auf ein besseres Leben im Jenseits zu hoffen und das Elend des Diesseits in Erwartung des zukünftigen Himmels zu erdulden. Unsere Kirche in Südafrika muß sich ehrlich dieser Anklage stellen. Sie neigt viel zu sehr dazu, noch heute von ihren Mitgliedern Unterstützung und Respekt wegen ihrer Dienste am Menschen, die weit zurückliegen, zu erwarten. Der städtische Arbeiter erwartet mehr als das. Die Vergangenheit läßt ihn kalt. Er möchte wissen, was die Kirche für ihn hier und jetzt tut. Früher ließ die Ehrfurcht vor der Kirche die Menschen verstummen, auch wenn sie sich im Gegensatz zu ihr befanden, aber heutzutage sind die Bewohner der Städte wesentlich kritischer und bringen ihre Beschwerden offen zum Ausdruck. Daß die Kirche eine so enge Beziehung zur Arbeiterklasse hat, gehört zu den hoffnungsvollsten Entwicklungen in unseren Städten. Es sind heute fast ausschließlich die Arbeiter, die niedrig bezahlten Personen, die die Kirche unterstützen. Ihre Amtsträger kommen von dorther, und von dort hat sie ihre treuesten Anhänger.»

Paragraph 4:

«Es gibt gewichtige Gründe, warum die Kirche nicht abseits vom Arbeiterkampf stehen kann.

Erstens ist ihre eigene Zukunft mit dieser Angelegenheit eng verbunden. Die Arbeiterklasse wird immer überwiegend in den städtischen Gebieten leben. Wenn die Kirche ihren Einfluß auf sie verliert, dann hat sie ihre Berufung verfehlt; dann verpaßt sie die Gelegenheit, die Sache der Arbeiter gegenüber den Wohlhabenden zu vertreten und diesen die Ansichten der Arbeiter klarzumachen; sie versäumt ihre Pflicht, Vertreter und Beschützer dieser Arbeiter zu sein. Wenn sie jedoch die Treue und das Vertrauen der Arbeiter verliert, verliert sie das Vertrauen eben der Klasse, aus der sie stammt, und zu der auch der gehört, auf den sie sich beruft. Wenn die Kirche nur religiöse Gemeinde für die besser gestellten Leute sein will, geht sie einem friedlichen, aber sicheren Tod entgegen.

Zweitens: Die Kirche nimmt eine einzigartige Stellung im Leben der Menschen ein. Es ist schwierig, sich eine einige Führungsschicht vorzustellen, die die Arbeiter zu schützen in der Lage ist. Wir müssen Ausschau halten nach einem Gremium, das nach keiner Seite Kompromisse macht. Dies kann nur die Kirche sein, weil sie über der Tagespolitik steht. Außerdem hat sie das Vertrauen der Leute. Sie sind bereits sehr kopfscheu gegenüber allen anderen, die sich als Freunde ausgeben, aber immer Hintergedanken haben.

Drittens: Es gehört auch zur geistlichen Aufgabe der Kirche, daß sie sich um die sozialen und wirtschaftlichen Probleme der Arbeiter kümmert, die so sehr ausgebeutet und erpreßt werden.

Viertens: Die christliche Doktrin ist das beste Heilmittel sowohl gegen den Kapitalismus als auch gegen den Kommunismus. Beide huldigen einer materialistischen Ideologie, während das Christentum die ewige Wahrheit verkündet, daß der Mensch nicht von Brot allein leben kann, sondern von Gottes Wort.

Fünftens: Bestimmte Erwartungen in Südafrika sind immer noch erfüllbar. Die christlichen Kirchen Europas haben lange für den Sozialismus wenig Sympathie gehabt. Sie predigten die Treue zum König, die Unaufhebbarkeit der Klassenunterschiede, den Gehorsam und die Geduld. Die Sozialisten hatten ständig Auseinandersetzungen mit den Kirchen, die, konservativ wie sie waren, die bestehende Gesellschaftsordnung verteidigten. Die Folge war, daß ganze Generationen sich von ihr abwandten und dann unter der Knute eines atheistischen Sozialismus litten. Zu spät erkannte die Kirche, wie sehr das Recht auf seiten der Arbeiter war, wie redlich sie waren, trotz aller Exzesse. Heute findet sich diese Kirche ernüchtert und voller Reue nur noch vor die Tatsache gestellt, daß sie weitgehend den Einfluß auf die Arbeiterklasse verloren hat. Die Arbeiter heute in Südafrika haben immer noch den angeborenen Respekt vor der Kirche, ein wichtiger Faktor, wo die Kirche von vielen Seiten angegriffen wird. Wenn dieser Arbeiter nun in seinem Herzen überzeugt sein kann, daß die Kirche ihm zur Seite steht bei seinem legitimen Kampf um seine Rechte und um Sicherheit, dann wird er der Kirche seiner Väter wieder mit Liebe, Dankbarkeit und Treue begegnen. Der ererbte Respekt muß erneuert und gestärkt werden durch konkrete Erfahrung von Unterstützung und Hilfe durch die Kirche, oder er wird in der zweiten oder dritten Arbeitergeneration gänzlich verschwinden.

Heute kann die absolute Trennung zwischen der neuen materialistischen Ideologie und der alten Religion noch verhindert werden. Die Bitterkeit des Kampfes hat sich noch nicht so tief in die Herzen unserer Arbeiter gefressen wie in anderen Ländern. Noch steht die Kirche ihnen nahe, noch ist sie bei ihnen und arbeitet mit ihnen zusammen; aber notwendig ist, daß sie den Eindruck und die Gewißheit haben können, daß sie eine positive Unterstützung für ihren Kampf in ihr haben. Davon sind sie nicht wirklich überzeugt.»

Nun, dies ist keine Aussage des SACC. Das hat die Niederländisch Reformierte Kirche in einem Buch mit dem Titel «Kerk en Stad» gesagt. Es war als Vorbereitung für den Volkskongreß im Juli 1947 gedacht. Ich habe aus einem Vortrag zitiert, den Ds Dawid Botha, der Moderator der Sendingkerk, gehalten hat. Der Vortrag: «Das Reich Gottes und die Kirchen in Südafrika» wurde auf der Nationalkonferenz des SACC 1980 vorgetragen, und Ds Botha wies auf die bemerkenswerte Sprache dieses Dokumentes hin; es werde gewiß die Herzen all derer erwärmen, die Anhänger der Befreiungstheologie sind. Dann fügte er hinzu:

«In einem hervorragenden Vortrag, gehalten von Rev. C. D. Brink auf dem Volkskongreß, wird der Fall noch krasser dargelegt. Dieser sagte:

‹Ziel der Kirche ist es, soziale Gerechtigkeit herbeizuführen. Gerechtigkeit muß den Armen und Unterdrückten zugebilligt werden, und falls das gegenwärtige System sich diesem Aufruf nicht stellt, muß man das öffentliche Gewissen aufrütteln und ein anderes System fordern. Wenn sich die Kirche nicht für Gerechtigkeit in der Gesellschaft einsetzt und wenn sie, die ihre Hilfe anbieten könnte, nicht bereit ist, für die Sache der Armen einzutreten, werden es andere tun. Die Armen haben das Recht zu sagen: Ich verlange von dir nicht Wohltätigkeit, sondern ich verlange, daß man mir die Möglichkeit gibt, das Leben in menschlicher Würde zu leben.›»

Das hat ein Kirchenführer der Weißen Niederländisch Reformierten Kirche gesagt. Ich bin mir nicht sicher, ob die, die uns vorwerfen, uns politisch einzumischen, das gleiche auch der Niederländisch Reformierten Kirche vorhalten.

Unser Gott erlaubt uns nicht, uns in ein geistiges Getto zurückzuziehen, isoliert vom wirklichen Leben draußen. Jesus ging hinaus, um mit Gott in der tiefen Meditation des Gebets allein zu sein, aber er blieb nicht dort. Er blieb nicht auf dem Berg der Verklärung, sondern stieg zum Tal hinab, um den besessenen Jungen zu heilen. Er war der Mensch für andere, verschwenderisch im Geben seiner selbst, und zwar eben deshalb, weil er ein Mensch des Gebets war, ein Mann Gottes. Dies ist unser Beispiel. Er benutzte die Religion nicht als eine Form der Flucht.

Deshalb konnte er sagen, wir müssen Gott lieben und unseren Nächsten ebenso – er zitierte aus dem Alten Testament. Das sind zwei Seiten der gleichen Medaille. Das eine ohne das andere ist unannehmbar. Die Liebe zu Gott wird glaubwürdig in und durch die Liebe zu unserem Nächsten. Das wird oft als die vertikale Dimenson (Beziehung zu Gott) und die horizontale Dimension (Beziehung zum Nächsten) in unserem christlichen Glauben beschrieben. Der erste Johannes-Brief ist ganz klar und unzweideutig in diesem Punkt unseres Christentums: 1. Johannes 3, 15–21; und Jakobus 1, 27, 2, 14–17.

Unser Herr hat viele religiöse Menschen durch sein Gleichnis vom Jüngsten Gericht schockiert, weil er hier einen Katalog von Dingen bereithält, die – je nachdem, ob wir sie tun oder lassen – darüber entscheiden, ob wir ins Himmelreich kommen oder nicht; die Dinge, die er nennt, können auch unter Aufbietung aller Phantasie nicht im engeren Sinne als religiös bezeichnet werden; es geht um das Speisen der Hungrigen, das Bekleiden der Nackten, das Besuchen der Kranken und derjenigen, die im Gefängnis sind – ganz und gar weltliche Handlungen; und er sagt weiter, wenn man diese Hilfe den Niedrigsten und den Geächteten erweist, daß man sie damit ihm selbst erweist. Hier identifiziert er Gott eindeutig mit den Erniedrigten, den Unterdrückten, den Randgruppen. Und er ist damit nur dem Wesen Gottes treu, wie es im Alten Testament offenbart wurde. Die Propheten des Alten Testaments, die im Namen Gottes sprachen, haben die ausgeklügelten religiösen Zeremonien seines Volkes verworfen. Warum? Weil sie die Armen und Ohnmächtigen ungerecht behandelt haben. Hören Sie einige vernichtende Worte von Jesaja 1, 1017, 3–8; Amos 5, 21–28, 5, 7–12; 2, 6–8. Elia klagt öffentlich den König Ahab an; seine Frau Isebel hatte den Justizmord an Naboth – einem unbedeutenden Menschen – verschuldet, weil der König Naboths Weingarten haben wollte. Im Namen Gottes spricht Elia gegen diese tyrannische Tat. Die Propheten sind in die Politik tief verstrickt, weil die Politik die Sphäre ist, wo das Volk Gottes zeigt, ob es gehorsam oder ungehorsam ist. Der Prophet Nathan rügte König David nicht für ein sogenanntes religiöses Vergehen, sondern für die politische Tat, durch die er den Tod von Bathsebas Ehemann verursachte.

Unsere Religion kümmert sich um das Hier und Jetzt, weil das zu einem großen Teil das Jenseits bestimmt. Zeit im hebräisch-christlichen Verständnis hat ewige Bedeutung, und deshalb sind das menschliche Leben und die menschlichen Entscheidungen so wichtig. Das ganze Leben gehört Gott. Der christliche Glaube sagt, daß Gott gewöhnliche materielle Dinge als Instrument benutzt für seine Gnade und die Hingabe seines göttlichen Lebens in den Sakramenten. Unsere Religion ist durch und durch von der Menschwerdung geprägt.

William Temple, der große Erzbischof von Canterbury, nahm Bezug auf diesen Teil des christlichen Glaubens, als er sagte: «Das Christentum ist die am stärksten materialistische der großen Religionen.» Wir verkünden, daß wir an die Auferstehung des Leibes glauben und nicht an die Unsterblichkeit der Seele. Der Körper ist nach Paulus' Worten der Tempel des Heiligen Geistes. Christen sind keine Dualisten, die daran glauben, daß Materie an sich etwas Böses ist, und daher zählt für uns das ganze Universum, das von Gott geschaffen wurde, das materielle wie das geistige. Das ganze Leben ist wichtig; politisch, wirtschaftlich und sozial, und keiner dieser Aspekte bleibt unberührt von der Religion, wie wir sie verstehen.

Es ist Teil des göttlichen Auftrags und der Absicht, für seine Welt Ganzheit, Gerechtigkeit, Gesundheit, Rechtschaffenheit, Frieden, Harmonie und Versöhnung herbeizuführen. Dies alles gehört zum Reich Gottes, und wir sind die, die sein Werk ausführen und mit ihm zusammenarbeiten, um das zustande zu bringen, was Gott mit seinem Universum vorhat. Er hat sich als befreiender Gott gezeigt. Als er einen Haufen Sklaven in Knechtschaft fand, half er ihnen, weil er der Gott des Exodus ist, zur Freiheit verholfen als ein Gott, der sich auf die Seite der Armen, der Schwachen, der Unterdrückten, der Witwen, der Waisen und der Fremdlinge stellt. Das ist eine Aufforderung, die im Buch Deuteronomium immer wiederkehrt: Kümmert euch um sie, weil sie an den Rand der Gesellschaft gedrängt sind, zur Seite oder bis ans Ende der Schlange geschoben werden. Gott kann nicht anders. Er ergreift immer Partei. Er ist kein neutraler Gott. Er steht immer auf der Seite der Schwachen und Unterdrückten. Nicht ich bin es, der das sagt. Ich habe gezeigt, daß dies so in der Bibel steht.

Wo Ungerechtigkeit, Ausbeutung und Unterdrückung ist, da wirken die Bibel und der Gott der Bibel umstürzlerisch in solchen Verhältnissen. Unser Gott, anders als die heidnischen Naturgötter, ist kein Gott, der den Status quo sanktioniert. Er ist ein Gott der Überraschungen, der die Mächtigen und die Ungerechten niederwirft, um sein Reich aufzurichten. Wir sehen es in der ganzen Geschichte Israels.

Ich möchte sagen, was ich schon einmal bei anderer Gelegenheit gesagt habe: Die Bibel ist das revolutionärste, das radikalste Buch, das es gibt. Wenn ein Buch gebannt werden muß, dann sollte die Bibel von denen gebannt werden, die ungerecht und wie Tyrannen regieren. Die Weißen brachten uns die Bibel, und wir nehmen sie ernst.

Wir nehmen teil an Gottes Handeln, das darauf gerichtet ist, uns von allem, was uns knechtet, zu befreien, von allem, was uns weniger werden läßt, als er für uns vorgesehen hat. Er macht uns frei, damit wir die herrliche Freiheit der Kinder Gottes genießen können. Alles was wir tun, tun wir in Erfüllung des Evangeliums von Jesus Christus, des Evangeliums von Gottes Liebe und Gottes Barmherzigkeit und Gottes versöhnender und vergebender Gnade.

Wir arbeiten für ein neues Südafrika, für eine nicht-rassische, wirklich demokratische und gerechtere Gesellschaft, und zwar mit angemessenen friedlichen Mitteln. Wir als Rat der Kirchen beklagen jede Form von Gewalt. Wir haben unendlich oft gesagt, daß das ungerechte gesellschaftliche System aufrechterhalten wird durch strukturelle und legalisierte Gewalt und daß dadurch die Gewalt derer, die diesen Staat stürzen wollen, ausgelöst würde. Wir haben auch immer wieder die Warnung ausgesprochen, daß unterdrückte Menschen verzweifeln und daß verzweifelte Menschen verzweifelte Methoden anwenden.

Wir haben eine Kommission für Gewalt und Gewaltlosigkeit, und wir machen uns Sorgen wegen der steigenden Militarisierung unseres Landes, und wir meinen, daß Kriegsdienstverweigerern eine alternative Dienstpflicht angeboten werden sollte, wie in den meisten normalen Gesellschaften. Wir glauben an Verhandlungen, Diskussionen und Dialog. Deshalb haben wir 1980 Gespräche mit der Regierung geführt, um für ein Treffen zu plädieren zwischen der Regierung und den echten Führern aller Gruppen der südafrikanischen Gesellschaft (bei den

Schwarzen würde das politische Gefangene und heute im Exil Lebende einschließen); deshalb rufen wir immer noch auf zu einer Nationalkonferenz.

Ich selbst glaube an Dialog und Zusammenkünfte. Ich habe an allen afrikaansen Universitäten gesprochen. Tatsächlich – die einzige weiße Universität, an der ich noch nicht gesprochen habe, ist die Universität von Port Elizabeth. Ich habe Reden gehalten vor einigen großen afrikaansen Organisationen und Gruppen, wie z. B. PEIL 2000 und POLSTU. Dies ist doch nicht die Haltung eines Menschen, der die Konfrontation sucht, oder? Viele in der schwarzen Gesellschaft fragen, warum ich immer noch meine Zeit mit den Weißen verschwende, und ich sage ihnen, daß das unser biblischer Auftrag ist. Mose ging mehrmals zu Pharao, obwohl er wußte, daß es nichts bringen würde. Die Propheten haben ihre Botschaft immer wieder an die Könige von Israel gerichtet, weil es ihre Pflicht war, die Botschaft zu übermitteln, auch wenn sie zurückgewiesen wurden.

Die Nationalkonferenz des SACC im Juni erklärte Apartheid zur Häresie und forderte uns auf zur Aussetzung jedes weiteren Dialogs mit der NGK, solange sie nicht Apartheid als böse verwirft. Aber ich möchte ihnen mitteilen, daß wir zu dieser Entscheidung erst gekommen sind, nachdem wir mehrmals Anstrengungen unternommen hatten, der NGK die Hand der Brüderlichkeit zu reichen. 1978 erinnerte ich Dr. Geldenhuys, der damals Leiter für Ökumene und später Vorsitzender der NGK war, daran, daß mein Vorgänger im Namen unseres Vorstandes die NGK eingeladen hatte, einen Beobachter zu Treffen des SACC-Vorstandes zu schicken, und zwar auf einseitiger Basis. Er antwortete, daß seine Synode unsere Einladung ablehne. Daraufhin sagten wir:

Dann schickt eben keinen offiziellen Beobachter; laßt ihn inoffiziell kommen; die Vereinbarung braucht nicht gegenseitig zu sein. Wir verlangen nicht, jemanden vom SACC entsenden zu dürfen, der bei euren Treffen Beobachterstatus haben könnte. Er schrieb zurück, daß sogar diese Einladung zurückgewiesen worden sei.

Aber unverzagt machten wir weiter; wir luden sie ein zur Teilnahme an einer Konsultation über Rassismus 1980 in Hammanskraal. Sie beantworteten nicht einmal meinen Brief, außer durch Erklärungen in der Presse. Die Konsultation von Hammanskraal war sehr zornig über die Reaktion der NGK. Ich jedoch erbat die Erlaubnis der Konsultation für einen Brief an die NGK. Ich sagte, ich stünde unter göttlicher Verpflichtung, diesen Brief zu schreiben, und die NGK im Namen des SACC und seiner Mitgliedskirchen um Verzeihung zu bitten für alles, wodurch wir sie in der Vergangenheit möglicherweise verletzt hätten;

und weiter wies ich darauf hin, daß wir überzeugt seien, daß ohne die Mithilfe dieser mächtigen Kirche nichts Wesentliches erreicht werden könne zur Veränderung der ungerechten Strukturen in diesem Land. Eine kleine Delegation der NGK besuchte mich, ein Besuch, der, wie sie sagten, vollkommen vertraulich bleiben müßte.

Wir haben also das Gespräch mit ihnen gesucht, wurden jedoch zurückgewiesen. Was könnten wir sonst noch machen? Wir fühlen Mitleid deswegen, was ihnen in Ottawa passierte. Wir sind nicht schadenfroh, und wir werden weiterhin für ihre Umkehr beten, weil es für einen Afrikaander – und dies ist meine Lieblingstheorie – wenn er erst einmal das Licht Jesu Christi erkennt, so wie andere es erkennen, dann kein Halten mehr gibt; für ihn gibt es keine halben Sachen. Wenn sich ein Afrikaander engagiert und sich dem Evangelium verschreibt, dann gibt es für ihn kein Zurück mehr.

Wir vom SACC gehören zur Kirche Gottes, zu der einen heiligen Katholischen Apostolischen Kirche. Das bedeutet, daß wir zu etwas sehr Wunderbarem gehören. Unsere Freunde sind viel zahlreicher als unsere Feinde. Wir gehören dieser bemerkenswerten Gemeinschaft an, durch die es möglich wird, daß wir einen Brief erhalten können – wie uns das passiert ist – von einem lutherischen Pfarrer aus Alaska, in dem er uns versichert, daß er und seine Gemeinde für uns beten. Als mir zum erstenmal mein Paß weggenommen wurde, wurde ich von Botschaften der Sympathie und Unterstützung aus der ganzen Welt überschüttet, aber nichts rührte mich mehr, als von den Kindern der Sonntagsschule der St. James Madison Ave. in New York «Pässe der Liebe» – wie sie es nannten – zu erhalten; ich heftete sie in meinem Büro an die Wand. Wie kann irgend jemand sich gegen diese internationale, diese weltweite Gemeinschaft stellen?

Ich möchte noch einmal betonen, was ich schon in der Präambel gesagt habe: Die Kirche besteht aus schwachen, fehlbaren Menschenkindern, und dies gilt auch für den SACC. Im Neuen Testament hören wir von unserem Herrn das Gleichnis vom Königreich, in dem es um die Trennung von Spreu und Weizen geht. Das ist auch ein Bild der Kirche, die Botschafter des Reiches Gottes ist. Die Kirche ist ein Heim für Sünder und eine Schule für Heilige. Wir können nur darüber staunen, daß Gott solche unwürdigen Geschöpfe, wie wir selbst wissen, daß wir es sind, benutzen möchte. Sein Schatz, erzählt uns der Paulus, ist bewahrt in uns, die nur Gefäße aus Ton sind, so daß der überströmende Ruhm dem gebührt, dem er mit Recht gebührt: nicht uns, sondern Gott.

Ich habe gezeigt, daß unsere Verkündigung, die zu untersuchen die Kommission sich vorgenommen hat, deutlich und wahrhaftig in der

Bibel begründet ist. Aber sie stimmt auch mit der Lehre der Kirche Gottes überall auf der Welt überein. Daß der SACC die Unterstützung eines überwältigenden Teiles der christlichen Gemeinde in der Welt genießt, das ist eine Tatsache, die man erfahren konnte, die von jedem bemerkt werden kann, der Augen zum Sehen hat und sehen möchte, der also nicht voreingenommen ist. Mir ist nicht bewußt, daß zum Beispiel die Niederländisch Reformierten Kirchen, die die Apartheid befürworten, auch nur einen Bruchteil der Unterstützung genießen, die uns zuteil wird. Ich gebe nicht an; ich stelle nur eine Tatsache fest. Es gibt Leute, die gerade deshalb Kritik an uns üben, weil wir diese Unterstützung haben, die auch durch finanzielle Hilfe ausgedrückt wird.

Warum genießen wir solche weltweite Unterstützung? Vielleicht ist es möglich, ein paar Menschen auf Dauer zu täuschen, aber sicher haben wir nicht die Fähigkeit, einen so großen Kreis von verantwortungsvollen und erwachsenen Christen so lange hinters Licht zu führen. Wir haben offen gearbeitet, und wir werden auch weiterhin offen arbeiten. Wir erstatten regelmäßig Bericht an unsere Mitgliedskirchen durch unsere Nationalkonferenz und auf jedem vierteljährlich stattfindenden Treffen unseres Exekutiv-Komitees, bei dem die Kirchen vertreten sind, und im ganzen gesehen sind sie bis jetzt zufrieden gewesen. Wir arbeiten nicht geheim; aber es gibt private Geheimgesellschaften in diesem Lande, die angeblich – ich weiß nicht, ob das stimmt – einen sehr großen Einfluß auf einige Kirchen und auf politische Führer ausüben, und doch werden solche Geheimorganisationen, soweit ich weiß, nicht untersucht. Wir erhalten unsere finanziellen Mittel nicht heimlich. Über sie wird offen Buch geführt; aber es gibt Organisationen, sogar religiöse Organisationen – einige von ihnen waren in den Informationsskandal verwickelt –, die im geheimen Geldmittel erhalten; sie wurden eben zu diesem Zweck geschaffen, um legitime Organe wie den SACC zu untergraben, und trotzdem werden solche undurchsichtigen Organisationen nicht untersucht und können weiterhin ungestraft mit Schmutz um sich werfen. Eine Bank verlor vor kurzem durch das Vergehen einer Angestellten eine Million Rand. Das Gericht stellte fest, daß ihr tatsächlich von anderen Bankangestellten geholfen worden war; ich habe jedoch nicht gehört, daß jene Bank, die mit viel mehr öffentlichen Mitteln arbeitet als der SACC, jemals davon träumen könnte, daß die Bank von irgendeiner Kommission untersucht werden soll. Warum nicht, wenn das mit uns geschieht?

Man sagt uns, wir hätten nicht die Unterstützung der Kirchen in Südafrika. Diese Aussage könnte bis zu einem gewissen Grad stimmen, wenn wir von dem weißen Teil der südafrikanischen Kirchen sprechen.

Im großen und ganzen bilden die weißen Christen unter unseren Mitgliedern nur 20 Prozent unserer Gemeinde. Die schwarze Mitgliedschaft, die fast 80 Prozent ausmacht, gehört, so kann man getrost und ohne Furcht vor Widerspruch sagen, zu dem Teil der Kirche, der den SACC weitgehend unterstützt. Aber auch wenn dies nicht der Fall wäre; unser Herr hat uns zur Vorsicht gemahnt, wenn alle gut über uns reden.

Ich glaube, es ist wichtig, die zentrale Stellung des Geistlichen im SACC zu betonen. Wir sind nicht nur ein Haufen von Aktivisten und Humanitätsaposteln, die mit dem Engagement für ein sozial wirksames Evangelium beschäftigt sind. Wir haben als unser Vorbild und Beispiel den Sohn Gottes, der ganze Nächte im Gebet verbrachte, der sich zurückzog und sich anschließend um die menschliche Not kümmerte. Was wir tun und sagen, kommt aus unserer Begegnung mit Gott und unserem Herrn Jesus Christus, bei der Andacht, während des Bibelstudiums, in Meditation und beim Abendmahl.

Herr Vorsitzender, Sie werden, falls Sie um 8.30 Uhr ins Khotso-Haus kommen sollten, keinen SACC-Mitarbeiter in seinem Büro antreffen, denn wir sind jeden Tag in der Kapelle. Jeden Mittwoch während der Mittagszeit halten wir Gebete für Gerechtigkeit und Versöhnung in unserem Lande und einige von uns fasten donnerstags aus demselben Grund. Einmal im Monat feiern wir nach den Riten der einen oder anderen Mitgliedskirche das Abendmahl. Wir beginnen unsere zweitägigen, vierteljährlich stattfindenden Vorstandstreffen mit einer wichtigen Bibelarbeit und feiern am zweiten Tag das Abendmahl mit einer Predigt. Sowohl der Vorstand als auch die anderen Mitarbeiter ziehen sich einmal im Jahr für eine Woche zur Meditation zurück. Wir halten bei jeder Nationalkonferenz täglich eine Abendmahlsfeier und ausführliche Bibelarbeiten. Vor jeder Nationalkonferenz schreibe ich an die Gemeinden in diesem Land und auch in Übersee und bitte um ihre Gebete für die Konferenz, die so von vielen Gebeten getragen wird.

Als Bischof der Kirche bin ich verpflichtet, zweimal am Tag das offizielle Kirchengebet zu halten. Für mich ist das Wichtigste – das Zentrum unseres Lebens – die geistliche Dimension, das Zusammenkommen mit Gott im Gebet, in der Andacht, in der Meditation.

Es fällt mit schwer, diesen verborgenen Teil unseres Lebens enthüllen zu müssen, von dem die Heilige Schrift sagt, daß er vor Menschen nicht zur Schau gestellt werden soll. Ich sah mich gezwungen, darüber zu reden, um zu zeigen, daß wir Menschen des Gebets sind, die versuchen, auf Gott zu hören. Es kann sein, daß wir ihn nicht immer richtig hören und daß oft vielleicht, wenn wir hören, was er sagt, wir nicht mögen, was er von uns zu tun fordert. Aber ich möchte ihnen versichern, daß wir keine Politiker sind. Wir versuchen, gläubige Christen zu sein. Was mich betrifft, möchte ich sagen, daß nichts mich hindern wird, was immer auch die Regierung mir antun mag, mich dafür einzusetzen, was meiner Meinung nach Gott von mir erwartet. Ich tue es nicht, weil ich es gern tue. Ich tue es, weil ich, wie ich glaube, unter dem Einfluß von Gottes Hand stehe. Ich kann nichts dafür; ich kann nicht anders; wenn ich Ungerechtigkeit sehe, dann kann ich meinen Mund nicht halten. Und ich werde auch nicht still sein, denn, wie Jeremia sagt, wenn ich versuche zu schweigen, wird Gottes Wort in meiner Brust wie Feuer brennen. Aber was können sie mir letztendlich antun? Der Tod ist das Schlimmste, was sie mir antun können, aber der Tod ist nicht das Schlimmste, was einem Christen geschehen kann.

Unser Herr hat versucht, uns zu einer Familie zusammenzufügen: Menschen verschiedener Rassen, die zeigen, wie kümmerlich und anfällig auch immer, was dieses herrliche Land sein kann. Wenn wir nur damit anfangen könnten, Menschen zu behandeln als Menschen, die von Gott geschaffen sind nach seinem Bildnis, erlöst von Jesus Christus und geheiligt durch den Heiligen Geist. Was für ein wunderbares Land dies sein würde.

Natürlich kann es nicht ohne Leid und Qual geschehen. Jesus versprach seinen Jüngern nicht, auf Rosen gebettet zu sein. Im Gegenteil; der zentrale Punkt war die Unausweichlichkeit und Unvermeidbarkeit des Leidens.

Es ist interessant, Herr Vorsitzender, daß der Anglikanische Kalender diese Woche von uns erbittet, der Kirche als der Gemeinschaft der Leidenden zu gedenken; und dies ist das besondere Gebet für diese Woche:

«Gott unser liebender Vater, du gabst deinen einzigen Sohn dem Tod hin, um für die Menschen zu leiden und zu sterben. Gib, daß wir würdig befunden werden, für Christi Namen zu leiden, daß wir uns über diesen Ruf freuen können und befähigt werden, unseren Teil zu erdulden, um seine Leiden zu vollenden zum Segen der Kirche.»

Wir sollten nicht überrascht sein über das Leiden, das auf uns zukommt, weil wir Zeugnis ablegen vom Reich Gottes und vom Evangelium Jesu Christi. Hört diese Worte unseres Herrn:

«Hütet euch aber vor den Menschen; denn sie werden euch überantworten den Gerichten und werden euch geißeln in ihren Synagogen. Und man wird euch vor Fürsten und Könige führen um meinetwillen, ihnen und den Heiden zum Zeugnis. Wenn sie euch nun überantworten werden, so sorget nicht, wie oder was ihr reden sollt; denn es soll euch zu der Stunde gegeben werden, was ihr reden sollt. Denn ihr seid es nicht, die da reden, sondern eures Vaters Geist ist es, der durch euch redet. Es wird aber ein Bruder den andern zum Tod überantworten und der Vater den Sohn, und die Kinder werden sich empören wider ihre Eltern und ihnen zum Tode helfen. Und ihr müsset gehaßt werden von jedermann um meines Namens willen. Wer aber bis ans Ende beharrt, der wird selig sein.»

Gottes Absichten sind gewiß. Sie mögen einen Tutu absetzen; sie mögen den Südafrikanischen Rat der Kirchen beseitigen, aber Gottes Ziel, sein Reich der Gerechtigkeit, der Liebe, des Mitleids aufzurichten, wird nicht zuschanden werden. Wir haben keine Angst, gewiß nicht vor der Regierung, auch nicht vor anderen, die Ungerechtigkeit und Unterdrückung verfechten, denn der Sieg ist uns gewiß durch ihn, der uns liebte.

Ich komme zum Schluß, Herr Vorsitzender und Mitglieder der Kommission. All dieser Dinge eingedenk, können wir sagen: Wenn Gott für uns ist, wer kann gegen uns sein? Was kann uns von der Liebe trennen, die in Jesus Christus ist, unserem Herrn? Schmerz oder Not, Verfolgung, Hunger, Entbehrung, Gefahr oder das Schwert? Wir sind dem Tod anheimgegeben um Deinetwillen den ganzen Tag lang, sagt die Heilige Schrift. Wir wurden wie Schafe behandelt, die zur Schlachtbank geführt wurden, und doch ist uns trotz alldem der überwältigende Sieg gewiß durch Ihn, der uns liebte; denn ich bin gewiß, daß weder Tod noch Leben im Reich der Geister der übermenschlichen Mächte, in der Welt, wie sie ist, oder in der Welt, wie sie sein soll, in den Mächten des Universums, in den Höhen und Tiefen; nichts in der ganzen Schöpfung uns scheiden kann von der Liebe Gottes, die in Jesus Christus ist, unserem Herrn. Vielen Dank.

# Fotonachweise

S. 12/13 Cedric Nunn/Afrapix
S. 35 Sam Nzima
S. 52 Gideon Merdel/Afrapix
S. 83 u. 90 Drum IRA Barley
S. 100/101 Afrapix

# Probleme der Dritten Welt

Michael Kidron/Ronald Segal
**Hunger und Waffen**
Ein politischer Weltatlas zu den Krisen der 80er Jahre (4726) Großformat
**Die Armen und die Reichen**
Hunger und Waffen 2. Der politische Atlas zu einer Welt im Umbruch (5445) Großformat

Pat R. Mooney
**Saat-Multis und Welthunger**
Wie die Konzerne die Nahrungsschätze der Welt plündern (4731)

Awa Thiam
**Die Stimme der schwarzen Frau**
Vom Leid der Afrikanerinnen (frauen aktuell 4840)

Erika Runge
**Südafrika – Rassendiktatur zwischen Elend und Widerstand**
Protokolle und Dokumente zur Apartheid (1765)

5626

5533

Herausgegeben von Freimut Duve

aktuell rororo

C 2133/3 a